Die Sechziger

Reinhardt Stumm
Kurt Wyss

Die Sechziger

Bilder aus Basel   Christoph Merian Verlag

Die Sechziger

Bilder aus Basel

Um Missverständnissen vorzubeugen: Dies ist keine Dokumentation. Es wird vermutlich immer genau das fehlen, was Sie verzweifelt suchen. Dies ist aber auch kein Geschichtsbuch. Vielleicht eher ein Geschichtenbuch. Aber es ist auch wieder kein Buch mit einer durchgehenden Geschichte. Vielmehr: Vieles ist angefangen, nichts zuende gebracht. Es sind lauter Erinnerungen – wenn man ihnen aber nachgehen möchte, sind sie vorbei, bevor sie richtig angefangen haben.

Es ist ein Buch voller Fotografien, die fröhliche Urständ feiern. Sie haben jahrzehntelang in Sammelmappen und Archivschachteln gelegen. Und weil der Fotograf, weil Kurt Wyss ein altmodischer, also ein furchtbar gewissenhafter Mensch ist, sind diese Fotografien in ihren Ablagen weder vergilbt noch verblasst. Das verdanken sie erstklassiger Handwerksarbeit. Wyss kopiert noch heute auf Papier – wie seine Vorväter. Auf gutes altes Barytpapier. Das ist furchtbar umständlich, dauert ewig (bis nur diese Abzüge richtig getrocknet sind), erfordert weitaus mehr Sorgfalt als die modernen Kunststoffpapiere, gegen die kein Wettlauf zu gewinnen ist. Aber sie halten auch länger. Genau genommen halten sie ewig. Und zwar in ihrer Ursprungsqualität. Und es fasst sich unheimlich gut an!

Dieses Buch ist ein Längsschnitt. Es erzählt von zehn Jahren im Leben einer Stadt. 1960 bis 1969. Da gab es noch das «Wunschkonzert» am Montag abend («Übers Jahr, wenn die Kornblumen blühen»), die Wurlitzer in der Kneipe um die Ecke («Schön war die Zeit»), Marika Kilius und Hans-Jürgen Bäumler und die Todesspirale, Kreidler-Florett und Peter Kraus, Sehnsucht und Nachtgespräche, die Expo von 1964 samt Basler Tag, Teddy Stauffer, die Fasnacht natürlich und welches unglaubliche Nachtleben zwischen Hasenburg und Seibi Bar – vom minderen Basel nicht zu reden. Die Wochenenden, das Weiberaufreissen in den Dancings, egal, ob Drei Könige oder Singerhaus, die Abschlepptouren samt anschliessenden Feten in obskuren Miethäuserblöcken oder Dachwohnungen. Sechziger Jahre!

Kurt Wyss ist Zeitungsfotograf. 1960 war er ein heuriger Hase, gerade 23 Jahre alt. 1966 war er bereits ein gestandener Mann. Er wurde Bildredaktor der National-Zeitung. Und war fortan während Jahren verantwortlich für (etwas vereinfacht gesagt) alles, was an Bildern in die Zeitung kam.

Für uns ist es längst selbstverständlich, die Arbeit der Zeitungsfotografen als journalistische Arbeit anzusehen und zu schätzen. Das war beileibe nicht immer so. Vor dreissig Jahren gab es in den Journalistenverbänden noch erbitterte Grabenkämpfe. Die einen wollten um jeden Preis verhindern, dass Fotografen Mitglieder der Pressevereine würden. Für sie galt immer noch Wilhelm Buschs Erkenntnis «Ehre dem Fotografen, denn er kann nichts dafür». Die anderen hatten längst eingesehen, dass die Arbeit der Zeitungsfotografen doch etwas mehr ist, als nur gerade die Kamera in die richtige Richtung zu halten.

Journalisten – nicht nur Reporter – leben von der Hand in den Mund. Das liegt in der Natur der Sache, und jeder weiss es. Natürlich gibt es die gefühlvollen Kulturverweser in den Feuilletons, die so tun, als ginge sie der Tagesbetrieb nichts an. Was immer aber sie als oberflächlich, beiläufig oder unwesentlich verachten mögen, es ist doch unser aller Leben, unsere Wirklichkeit. Die kann so banal sein wie der Ärger über zu teure Taxis, so erregend wie die Sonnenfinsternis oder so aufwühlend wie die neueste Niederlage des Fussballclubs, die öffentlich beweint sein will. Für alles dies, für Geschichten und Ereignisse, für Unglücksfälle und Verbrechen, für Jubel und Trauer ist die Zeitung, sind die Journalisten da – und die Fotografen. Dass es gute und weniger gute, ermüdende und belebende, gescheite und nicht so gescheite Vertreter des Standes gibt – es ist hier nicht anders als allerwärts sonst.

Auch der Zeitungsfotograf arbeitet wie ein Reporter, ist Reporter. Auch dieser Beruf hat seine eigenen Gesetze. Ereignis, Auftrag, Lokaltermin, Dunkelkammer, Redaktion, Streit um den Bildraum auf der Zeitungsseite, vergessen. Und so tagaus, tagein, jahrein, jahraus. Kurzfutter, Banalitäten, Kleinkram. Und dazwischen die grossen, die unvergesslichen Ereignisse. Die ‹Stellvertreter›-Premiere und die begleitenden Demonstrationen. Die Abschiedsvorlesung von Karl Jaspers. Friedrich Dürrenmatt und Max Frisch am Bühneneingang des alten Stadttheaters. Der Besuch bei Picasso in Mougins. Der Kennedy-Mord. Die Tramdemonstrationen als Dokument des langsamen Zerbrechens staatlicher Autorität. Gute Zeitungsbilder sind und bleiben zu hoher Lesbarkeit komprimierte Wirklichkeit. Was ein Zeitungsfotograf taugt, lässt sich genau daran messen.

Zumal dreissig Jahre später. Da kann niemand unbeteiligt bleiben, der in den Annalen blättert. Was da alles wiederzufinden ist! Was wir nicht schon alles vergessen hatten! Was wir damals wichtig fanden – und was nicht! Sparen wir die Ausrufezeichen, wer zurückschaut (und dazu ist dieses Buch da), wird lachen und weinen oder sich zumindest an Lachen und Weinen erinnern.

Dieses Buch ist auch Querschnitt. Was heisst tägliche Zeitungsarbeit für einen Fotografen? Wenn er hierhin geht, kann er nicht dort sein. Wenn er Pech hat, hat er den falschen Hasen gejagt. Das weiss er erst hinterher. Schreiben kann man immer – fotografieren nur, wenn ‹es› stattfindet. Ein russisches Sprichwort sagt: «Wenn man wüsste, wo man hinfällt, könnte man sich einen Sack Heu hinlegen.» Oft liegt der Heusack an der falschen Stelle, oft gibt es überhaupt keinen. Querschnitt will auf nette Weise sagen, dass die Lücken und Löcher im eigenen Archiv mal hier, mal dort sind. Querschnitt will aber auch sagen, dass die Quersumme stimmt.

Es ist nicht so wichtig, alles lückenlos beieinander zu haben, was einmal geschah (es ist auch gar nicht möglich). Wichtig ist, dass die Bilder, die da sind, ihre Geschichten möglichst gut erzählen. Und dass sie Fangnetze für das Bewusstsein auswerfen. Der Aufmarsch der Basler Regierungsräte samt Bundespräsident an der Muba – das ist himmelweit über den konkreten Anlass hinaus ein Zeitdokument!

Natürlich geht die Arbeit über Auftragsumfang und Tagesanspruch hinaus. Liebhabereien, Leidenschaften, Obsessionen, Neugier, Engagement, Hingabe – alles steht im Auftragsbuch, und alles verschmilzt zu einem lesbaren und begreifbaren Ganzen auch für die, die noch nicht dabei waren.

Es ist wie ein Mosaik, das noch nicht fertig ist. Es muss nicht fertig sein, man kann es trotzdem lesen, es hat Farbe, Form, Stimmung, Charakter. Und es trägt einen Strom von Informationen mit. Das ist das Buch. Jedenfalls: Wir wünschen uns, dass es das sei!

Reinhardt Stumm

1960

«Wer Strassen sät, wird Verkehr ernten», war eine der Einsichten, die der hemmungslose Strassenbau jener Jahre zeitigte. Sie blieb so folgenlos wie die Mühen der unermüdlich rechnenden und warnenden Kritiker folgenlos blieben, die den gebannt in die Zukunft starrenden Zeitgenossen den unaufhörlich anwachsenden Verlust an Grünflächen und Ackerland vorrechneten. Erschrocken und fasziniert zugleich sahen sie Strassenbauwerke entstehen, deren Ausmass in der Schweiz bis dahin ohne Beispiel waren.

Startschuss zu einer neuen Etappe der grössten Olympiade des Jahrtausends in der Schweiz – der Olympiade des Autobahnbaus. Der Baselbieter Regierungsrat Max Kaufmann eröffnet die Bauarbeiten am Autobahnabschnitt Basel–Augst.

«Am Brunnen vor dem Tore»
hat sich ausgesungen, jetzt ist der Maschinenpark für die Betonlandschaft dran.

Nun danket alle Gott!

Der Reingewinn der Basler Kantonalbank für 1959 belief sich auf 5,367 Millionen Franken. Der höchste Reingewinn seit 60 Jahren. Die Staatsrechnung 1959 schloss mit einem Überschuss von 3 Millionen Franken ab, Abschreibungen und Rückstellungen von 18 Millionen inbegriffen. Die unsichtbaren Reserven des Staatsvermögens wurden auf rund 500 Millionen Franken geschätzt. So glänzend ging es noch nie. Wie lange würde es so glänzend gehen?

Selbst unverbesserliche Optimisten kräuselten die Stirn angesichts einer sehr ungehemmt sich ausbreitenden Bedenkenlosigkeit. Zum Eidgenössischen Dank-, Buss- und Bettag am 15. September 1960 erliess also der Regierungsrat einen mahnenden Aufruf: «Unsere eidgenössische Gegenwart ist gekennzeichnet durch ein materielles Wohlergehen. (...) So viele von uns nehmen diesen Zustand als selbstverständlich hin, glauben, auf dieses Wohlergehen einen Rechtsanspruch zu haben, und doch sollte uns ein Blick in die Welt um uns mit der materiellen Not und der Unfreiheit grosser Völker belehren, wie sehr wir vom Glück begünstigt sind. In der Erkenntnis, dass die göttliche Vorsehung unser Volk geschützt hat, haben unsere Altvordern den Bettag eingesetzt, dem Allmächtigen für seinen Schutz Dank zu sagen.»

Jeder weiss, dass Mahnungen am allerwenigsten bewirken, wenn es den Gemahnten gut geht. In Basel – nicht nur in Basel – begannen die fetten Jahre. Nichts war unmöglich. Nur das Stimmvolk hatte gelegentlich noch Einwände – vielleicht nur aus den falschen Gründen. 75 Millionen Franken für den Ausbau eines Flughafens, der uns dann doch nicht gehört? Der Rat stimmte zu, das Volk lehnte ab.

Es stand genug an – begehrt und gutgeheissen wurden (1959/1960) die Erweiterung der Universitätsbibliothek (10 Mio.). Die Neugestaltung des Botanischen Gartens (4,5 Mio.). Der Neubau eines Gartenbads Bachgraben (4,6 Mio.). Die Erweiterung der Volkszahnklinik (3,6 Mio.). Die Erweiterung des Frauenspitals (13,8 Mio.). Neue Autobusse und Anhänger für die BVB (4,2 Mio.). Modernisierung des Vesalianums (3,2 Mio.). Universitätsjubiläum (800 000 Franken). Erweiterung des Zahnärztlichen Instituts (6,2 Mio.) und so weiter, und so fort.

Fast ganz nebenbei stimmte der Rat im April 1960 einem Projektkredit von 550 000 Franken für die Einführung der Autobahn aus Baselland zu. Die damit bezahlte Planung ist längst Geschichte. Die Geschichte ihrer Folgen ist noch nicht geschrieben. Die Grabenkämpfe um Bauaufträge, die Hemmungslosigkeit, mit der sie – auf der Kantonsgrenze zwischen Basel-Stadt und Baselland – ausgefochten wurden, der aberwitzige Aufwand, der getrieben werden musste, um die Autobahn quer durch ein Stadtquartier zu treiben, das könnte ein paar gute Fernsehabende geben. Noch schönere, wenn Basel Fernsehstadt der Schweiz geworden wäre, was sie nicht wurde – am 28. Dezember 1959 entschied Bundesrat Dr. Friedrich Traugott Wahlen als stellvertretender Chef des Post- und Eisenbahndepartements, dass Zürich definitiver Standort des deutschschweizerischen Fernsehstudios sein werde. Als Gründe für die Abweisung der Bewerbung Basels werden die günstigere Verkehrslage Zürichs und finanzpolitische Überlegungen genannt. Gegen den Entscheid kann an den Gesamtbundesrat rekurriert werden. Der entschied am 22. November 1960 endgültig, dass das deutschschweizerische Fernsehstudio der Stadt Zürich zuzusprechen sei. Basel wurde zur Medienprovinz verdonnert. Verdonnerte sich selbst dazu! Zürich (Stadt und Kanton) bot als Einstand, Morgengabe oder Mitgift zweimal 100 000 Franken, Basel lehnte 55 000 Franken in einer Volksabstimmung ab.

Eisenflechter am Werk –
wer Musse hätte, ihnen lange genug bei ihrer Arbeit zuzusehen, würde am Ende noch schön finden, was sie flechten und weben.

Wer sein Tram liebt,
muss auch lieben, was dazugehört: aufgerissene Strassen, das Fauchen der Kompressoren, das Rattern der Presslufthämmer und die Männer, die schuften.

Ob Ochsner heute oder Abfallsack morgen, der Braune Mutz ist immer ganz gelassen.

Von der Stirne heiss

Wehmütig werden immer die, die nicht selber an die Säcke müssen. Wenn Schiller schwärmt, dann kann er nur schwärmen, wenn nicht sein Rücken schmerzt, wenn seine Hände nicht schrundig sind, wenn ihm nicht der Schweiss von der Stirn rinnt. Unsere Aufmerksamkeit für Schwerstarbeit ist ohnehin historisch orientiert. Sehen wir Bilder wie diese hier, übermannt uns Rührung. Stehen wir daneben, erleben wir bestenfalls Lärm und Schmutz. Und dann stimmt nicht mal mehr das, die Kompressoren, neben denen man früher sein eigenes Wort nicht verstand, fauchen nur noch, Maschinen sind höflich geworden, manchmal schweigen sie sogar.

Mutter, der Mann
mit dem Koks ist da!
Ja doch, mein Junge,
ich weiss es ja.
Ich habe kein Geld.
Du hast kein Geld.
Wer hat den Mann
mit dem Koks bestellt?

Reste-verwertung

Wer genau hinschaut, erkennt am Ende noch seinen eigenen Klapf wieder!

Auch Trennen ist keine so ganz neue Erfindung.

Ganz früher bekam man ein Handgeld, wenn man sein altes Auto zum Verschrotten brachte. Später stellte sein Auto dem Schrotthändler vor die Tür, wer es loswerden wollte. Schrottpressen wie bei Thommen in Kaiseraugst, in denen ganze Autos auf Briefmarkenformat gebracht werden, gab es damals noch nicht. Aber die fleissigen Allesverwerter, die ausschlachteten, was sich ausschlachten liess, und sorgfältig sortiert aufbewahren, was man noch gebrauchen konnte. Und man konnte. Man ging zu Keigel nach Frenkendorf und kaufte sich Anlasser oder Lichtmaschine oder Wasserpumpe oder eine Steckachse oder einen Sitz, einen Scheinwerfer. Die Preisverhandlungen waren brummig und unwirsch, Garantie gab es keine, aber meistens hielt das Zeug, was es versprach. Einbauen musste man selber. Aber wer konnte das nicht, das machte doch jeder!

Die nicht mehr brauchbaren Reste der Büchse wurden mit dem Schweissbrenner so zerlegt, dass sie platzsparend in Eisenbahnwaggons verladen werden konnten.

Es duftet – nach allem, was Gott verboten hat: Azetylen, Benzin, Diesel, Gummi, Eisen.

Doris Benedikt-Moos, dipl. Architektin. Basler Stadtplanbüro. Arbeitsantritt: 1. Dezember 1960. Zuständigkeitsbereich: Stadtforschung.

Susanne Müller, dipl. Architektin. Hochbau Inspektorat Liestal. Arbeitsantritt: 1. Juli 1958. Zuständigkeitsbereich: Vorplanungsstufe.

Frauen in der Arbeitswelt

Frau verdient das Vertrauen, das Mann in sie setzt. Sie plane natürlich nicht selbständig (was heisst ‹natürlich›?), erzählte Doris Benedikt-Moos der Schweizer Illustrierten in einem Interview, für die Planung sei selbstverständlich ihr Chef zuständig. Sie organisiere die Stadtforschung – und das war etwas ganz anderes, als wir jetzt denken: «Ein Teil dieser Aufgabe besteht in der Ermittlung des Verkehrsbedarfs. Bis jetzt hat man nämlich Verkehrszählungen in der Art vorgenommen, dass der gegenwärtige Stand gemessen wurde. Unser Ziel ist es, herauszufinden, wieviele motorisierte Besucher kämen, wenn sie kommen könnten, und wieviele es zum Beispiel im Jahre 1980 sein werden.» Aber obwohl sie ihren Beruf sehr liebe, sei es doch die schönste Aufgabe der Frau, Mutter zu sein und Kinder aufzuziehen.

Susanne Müller findet, dass sich «der Einsatz von Frauen an Posten, wie ich einen bekleide», durchaus rechtfertigen lasse: «Er stellt manche Ansprüche, welche wir mindestens ebenso gut erfüllen können wie die Männer. Das Zeichnen von Plänen zum Beispiel verlangt Geduld und Sitzleder. In dieser Hinsicht können wir mit den Männern sehr wohl in Konkurrenz treten.»

Frau Müller hebt lobend hervor, dass ihre männlichen Kollegen sich immer von der besten Seite zeigten, so dass «unsere Zusammenarbeit in ausgezeichnetem Einverständnis vor sich geht».

Die Illustrierte lobte die beiden Halbkantone für ihren Mut, der sich ja auch auszahle, denn «die beiden Architektinnen ihrerseits bekunden durch ihre Arbeit und durch ihre Leistungen, dass sie das in sie gesetzte Vertrauen vollauf verdienen».

Womit hinreichend bewiesen war, dass die Männer wieder mal das Richtige getan hatten.

Die rechte Chefhaltung
will noch erlernt sein:
Stadtforscherin Benedikt-
Mocs auf der Baustelle.

Kino Luxor, Wiesendamm: 2000 Unterschriften in drei Tagen klärten die Bedürfnisfrage: Wir brauchen ein Kino, basta!

Hochhaus Wiesendamm: Erdbebensicher. Schallisoliert. Erstmals Invalidenwohnungen. Und eines der grössten Wandfresken Europas. Von Arturo Ermini.

Einsame Helden

Auch das Kino ist nicht mehr, was es mal war! Luxor, das war die Gründung solider, kulturell anspruchsvoller Aussenposten, die mit den alten Revolverküchen nichts mehr gemein hatten. An die aber erinnert einer, der die letzten gerade noch miterlebte – Jean Willi erzählt davon in ‹Sweet Home›, erzählt davon, wie wichtig diese Kinos für die ersten Erwachsenenspiele waren: «Hinter dem Claraplatz führte eine mit Kastanienbäumen bestandene Allee Richtung Friedhof und deutsche Grenze. Dort befand sich das Clara-Kino. Unter den Schülern hiess es, man nähme es dort nicht so genau, wenn einer noch nicht sechzehn sei. Ausweise würden nie verlangt, und es sei nicht wie in anderen Kinos, wo die Polizei einen aus der Vorführung heraushole. Die ältern Schüler wollten mit jüngeren nicht im gleichen Kino gesehen werden.

Hansjörg und Alex zog die Verlockung des Verbotenen mindestens einmal im Monat dorthin. Zuerst fuhren sie einige Male um den Häuserblock herum, kreisten das Objekt ihrer Begierde ein, bis sie innerlich bereit waren, an der Kasse genügend Gelassenheit vorzutäuschen. Sie erschienen kurz nach Beginn der Vorstellung und hofften, dann ginge es schneller.

Sie schauten sich hauptsächlich Western an, B-Movies mit Randolf Scott und Joel McCrea. Auch gegen Kriegsfilme hatten sie nichts, doch das Gefühl nach einem Western war ihnen vertrauter. Zuerst waren es die Schritte zum Fahrrad. Sie gingen langsamer als sonst, die Gangart des Helden noch in den Beinen. In den Hüften wippten sie leicht, und aus den Augenwinkeln heraus suchten sie die Gegend nach Feinden und möglicher Deckung ab. Dass Autos vorbeifuhren, nahmen sie nicht wahr. Die Strassen waren Canyons, die Häuserfassaden Western-Towns. Alex ritt nach dem Kino oft zu den Kiesgruben hinaus, um das Gefühl des einsamen Helden länger auszukosten. Später begannen sich Realität und Fantasie die Waage zu halten. Zuletzt war es nur noch die Sonne, die hinter den Schrebergärten unterging und ihn ein letztes Mal in die Savanne holte, bevor die Ernüchterung ihn ins Diesseits zurückwarf.» (Jean Willi: ‹Sweet Home›, Roman, Verlag Ricco Bilger, Zürich 1999, S. 125/126)

Immerhin, um dieselbe Zeit (im April 1960) wird eine Initative, die die Revision der Filmgesetzgebung im Sinne einer strengeren Handhabung der Zensur anstrebt, an eine vorberatende Kommission gewiesen.

«**Ich wollte Musik studieren**, aber mein Vater war nicht dafür» – die gehorsame Tochter studierte also Pharmazie und besuchte das Konservatorium gewissermassen auf eigene Rechnung und Gefahr.

Für ihre Studentinnen und Studenten blieb Dr. phil. nat. und Dr. med. Irma Tschudi-Steiner, Apothekerin und Inhaberin des eidg. Ärztediploms, Privatdozentin für Pharmazie an den Universitäten Basel und Bern, was sie war, bevor sie ‹Frau Bundesrat› wurde: s Irmeli.

Männerstaat

Mit der Wahl des sozialdemokratischen Ständerats Prof. Dr. Hans Peter Tschudi zum Bundesrat (am 17. Dezember 1959) ist Basel-Stadt zum ersten Mal seit 1911 wieder in der Landesregierung vertreten. Am 18. Dezember grosser Bahnhof in Basel, Ehrentrunk im Bahnhofsbuffett. Böllerschüsse von der Elisabethenschanze, Ehrenrunden einer DC-4 der Balair (im Tiefflug!), trommelnde und pfeifende Fasnachtscliquen in den festlich erleuchteten Strassen der Innerstadt kennzeichnen die Bedeutung, die diese Wahl für Basel hat. Unter den gratulierenden Frauen ist auch die Vertreterin des Frauenstimmrechtsverbandes.

Schon da hätte Dr. Dr. Irma Tschudi-Steiner Grund gehabt, über «die Gepflogenheiten des schweizerischen Männerstaates» zu lächeln. Später, in einem Interview mit dem ‹Schweizer Frauenblatt› tat sie das: Als Ehefrau des Ehrengastes Tschudi bei der Glarner Landsgemeinde war für sie – als die Männer zur Tafel schritten – im Nebenzimmer gedeckt.

So musste sie zu einem Liebling der trendbewussten Regenbogenpresse werden, die aufmerksam auf die Zeichen der Zeit achtete und nicht müde wurde, den ebenso lächerlichen wie ärgerlichen Unrechtsstatus der Frau in der Schweiz anzuprangern, freilich nicht, ohne gleichzeitig immer auch frauliche Tugend hoch zu preisen: Sie putzt selber, sie hat keine Hilfe, sie kocht selber, sie besorgt ihrem Mann selber den Haushalt – alles «mit der gleichen ruhigen Selbstverständlichkeit», von der die Zeitschrift ‹Die Frau› so wundervoll sagte: «Wir sind stolz, im Hintergrund unseres jüngsten Bundesrates eine Frau zu wissen, die sich durch soviel eigene geistige Verdienste ausgezeichnet hat.»

Von der Wohnkultur der sechziger Jahre lässt sich hier wenig erkennen – Herr Bundesrat Tschudi und Frau liebten offensichtlich unaufwendige Einfachheit.

Ratsherren unter sich: Regierungsrat (Polizeidirektor) und Nationalrat Fritz Brechbühl; alt Bundesrat Philipp Etter; neuer Bundesrat Hans Peter Tschudi; Regierungsrat Max Wullschleger.

Regierung

Im Februar wählten die Stimmberechtigten des Kantons Basel-Stadt Nationalrat Edmund Wyss als Ersatz für den in den Bundesrat berufenen Hans Peter Tschudi in den Regierungsrat. Wyss wird neuer Vorsteher des Departements des Innern. Im März wird Nationalrat Eugen Dietschi im zweiten Wahlgang der Ständeratsersatzwahl in den Ständerat gewählt. Und bei den Erneuerungswahlen in den Regierungrat am 20. März werden bei einer Stimmbeteiligung von rund 60% alle sieben amtierenden Regierungsräte auf einer bürgerlichen Viererliste und auf einer sozialdemokratischen Dreierliste wiedergewählt. Der Regierung gehören an Alfred Schaller, Edwin Zweifel, Peter Zschokke, Max Wullschleger, Edmund Wyss, Carl Peter und Fritz Brechbühl.

Man muss (und muss sich) gelegentlich daran erinnern: Eine zweifach promovierte akademische Lehrerin, Frau eines schweizerischen Bundesrates, den sie hier auf einem Wahlplakat betrachten kann, ist nicht wahlberechtigt, hat keine Stimme in diesem Land.

Dr. Nahum Goldmann, Präsident der Zionistischen Weltorganisation, erinnert in seiner Rede zur Eröffnung des Zionistenkongresses im Basler Stadt-Casino (am 15. Mai 1960) an den Anlass: den hundertsten Geburtstag von Theodor Herzl am 2. Mai.

Erinnerungen zur Erinnerung

Theodor Herzl (1860–1904) ist der Schöpfer des modernen Zionismus. Er war der erste Präsident der von ihm angeregten Zionistischen Weltorganisation, deren Gründung im August 1897 bei dem von ihm nach Basel einberufenen ersten Zionistenkongress beschlossen wurde. Ihr Hauptziel war die «Öffentlich-rechtlich gesicherte Heimstätte in Palästina» für das jüdische Volk. Herzl verhandelte in seinen letzten Lebensjahren erfolglos mit Herrschern und Staatsmännern über eine jüdische Massenansiedlung.

In einem Nachruf charakterisierte der Philosoph und Pädagoge Martin Buber seinen Gesinnungsfreund Theodor Herzl: «Er war hart und innig, masslos und haltunsgvoll, vornehm und nachtragend, Stimmungsmensch und Tatmensch, Träumer und Praktiker. Das Rätsel seines Wesens ist ungelöst.» Buber hatte sich (er war gerade zwanzig Jahre alt und studierte in Zürich) der Organisation schon 1898 angeschlossen, als sie noch im Aufbau stand.

Herzls Charisma machte ihn zum begehrten Redner – niemand konnte seine Ideologie so nachdrücklich vertreten wie er selber. Martin Buber an Herzl am 25. Februar 1900: «Diejenigen, die im Herzensgrunde sich uns anschliessen möchten – und deren gibt es hier viele – warten auf Ihre Worte, als auf die endgültige Aufklärung.»

Jahre später (am 23. Januar 1934) schrieb der Religionswissenschaftler Hans Joachim Schoeps an Buber (Schoeps hatte vor 1933 die Vereinigung ‹Der Deutsche Vortrupp› gegründet, in der er Judentum und Sinn für preussische Tradition zu verbinden suchte): «Ist der Sinn des empirischen Zionismus die Wiedererrichtung des Tempels oder der von Herzl geforderte Nationalstaat, der heute noch dazu in einer, für Deutschland gerade jetzt liquidierten, Gesellschaftsproblematik stecken bleibt, deren sachlicher Ausdruck die Orangenzucht ist?» Fragen, die Zionisten noch immer umtreiben – auch am Zionistenkongress von 1960 in Basel.

Die Religionswissenschaftlerin Grete Schaeder resümierte: «Herzls Zionismus war als Reaktion auf den europäischen Antisemitismus entstanden; seine Vision von einem nationaljüdischen Staatswesen war ein Spätling im Jahrhundert des Nationalismus, sie war von Europa und seinen nationalen Minderheiten aus gedacht. Die Judenfrage ist für ihn niemals zur Frage nach dem Wesen des Judentums geworden; die ungerechte Verurteilung des jüdischen Hauptmanns Dreyfus, die er als Korrespondent der ‹Neuen Freien Presse› in Paris miterlebte, brachte ihm mit unheimlicher Klarheit das Verhältnis der Juden zu ihrer Umgebung zu Bewusstsein. Er hat deutlicher als die meisten Zeitgenossen die Unausrottbarkeit des Antisemitismus erkannt.» (‹Martin Buber, Briefwechsel aus sieben Jahrzehnten›, Lambert Schneider, Heidelberg 1972)

In diesem Hause tagte auf den Ruf und unter der Leitung von Dr. Theodor Herzl der erste Zionistenkongress vom 29. bis zum 31. August 1897. Sein Ergebnis war die Gründung der Zionistischen Organisation, die zur Wegbereiterin des Staates Israel wurde.

Aufgesattelte Demo gegen den Abbruch des Rosshofs: Eigentlich werden 500 Jahre Universität gefeiert – die Anwohner des Nadelberg nutzen die Gelegenheit und wehren sich gegen den jüngsten Schub der Abbruch-Euphorie.

Am Freitag nachmittag, am ersten der vier Festtage, zogen Professoren und Studenten und die vielen Gäste feierlich von der Universität durch die Stadt zum Münster.

500 Jahre Alma mater Basiliensis

Am 12. November 1459 unterzeichnete Papst Pius II. die Bulle, die der Stadt Basel das Recht gab, eine Universität zu errichten. Papst Pius kannte Basel. Er war hier während des Konzils zu Basel (1431–1448) als Schreiber tätig gewesen. Ein halbes Jahr später fand die feierliche Eröffnung der Universität mit den vier Fakultäten Theologie, Jurisprudenz, Medizin und Freie Künste statt. Genau am 4. April 1460.

Nicht weniger feierlich ging es an diesem Geburtstag zu, der viel Verkehr brachte. An die 2800 Gäste aus aller Welt – und beileibe nicht nur aus der akademischen Welt – kamen nach Basel. Vertreter der ältesten Hochschulen der Welt, berühmte Wissenschaftler, offizielle Delegationen des Bundesrates, der Kantonsregierungen, der Landeskirchen, angeführt von seiner Magnifizenz Professor Dr. Ernst Staehelin, dem amtierenden Rector magnificus der Alma mater Basiliensis, und seiner Exzellenz Max Petitpierre, dem amtierenden Bundespräsidenten der Schweiz. Regierungsrat Dr. Peter Zschokke eröffnete den Reigen der Gratulationsredner, die ihre Geschenke überreichten: zehn Millionen Franken von Bürgern, Industrie und Gewerbe der Stadt Basel, eine Million vom Kanton Basel-Landschaft. Und Bücher – zum Beispiel ein Exemplar von Vesals Anatomie, 1555 in Basel bei Oporin gedruckt, eine zweibändige, kolorierte Ausgabe von Maria Sybilla Merians ‹Der Raupen wunderbare Verwandlung› von 1683. Und Antikes und Modernes an Kunst – auch das Fasnachts Comité liess sich nicht lumpen und überreichte Geschenke.

Und am Abend des ersten Festtages natürlich der Fackelzug.

Je liebreicher der Herr, desto lieblicher der Maien: Professoren Denis van Berchem, Karl Schefold.

Der Fackelzug der Studentenschaft lockte Zehntausende auf die Strasse.

Rauschende Ballnacht bei Hazy Osterwald – vor lauter Musik das Tanzen vergessen.

Die Feiern, das Fest

Das Basler Stadtbuch, also die Basler Chronik, berichtet am 2. Juli 1960: «Der vierte Tag des Universitätsjubiläums, der ‹Tag der Stadt›, nimmt mit feierlichen Ehrenpromotionen seinen Anfang. Im Grossen Musiksaal des Stadtcasinos ehren die Fakultäten der Universität die internationale Wissenschaft, indem sie 29 Professoren aus aller Welt zu Ehrendoktoren ernennen. (...) Die Feier wird umrahmt durch Uraufführungen von Kompositionen Walther Geisers, Conrad Becks und Albert Moeschingers. Die Universitätsfeier findet in der Nacht auf den Sonntag ihren Abschluss mit einem grossen Volksfest auf dem Petersplatz und in seiner Umgebung.»

Auch die Gepflogenheiten des Gesellschaftstanzes haben sich in den letzten fünfhundert Jahren geändert. Und auch was Schönes ist dabei – es gab manches zu sehen, was viele so noch nie gesehen hatten.

Entweder ist das Stativ zu hoch, oder der Affe ist zu klein, oder beides trifft zu, was zwar sein kann, aber nicht sein darf.

Fressen kann man dieses Ding nicht – aber jedes Mal beim Zubeissen klickt es!

Ehre der Fotografin

Sie waren alle, alle da – wie im Zolli. Manchmal kommt einem die Wahrheit ja gefährlich nahe. Dass Zootiere die Welt verkehrt herum sehen und sich manchmal denken müssen, was das eigentlich für komische Tiere sind, die nicht nur unentwegt hinter den Gittern stehen und in die Tierwelt starren, sie geben auch noch alle möglichen merkwürdigen Geräusche von sich – so, als hätten sie den Kurs bei Berlitz angefangen, aber richtig äffisch will es einfach nicht werden.

Ganz Basel liebte Goma, den ersten Gorilla, der in Europa auf die Welt kam (Geburtsgewicht 1820 Gramm). Hier wiegt er schon fünfzehn runde Pfunde. Dass Goma Europa liebte, darf ungefragt dahingehen. Auch dass Goma fotografieren musste oder durfte oder wollte, versteht sich eigentlich von selber. Auch Gorillas haben ihre Familienalben, und da kleben sie nicht nur Bananenschalen und Kokosnüsse rein.

Goma fotografierte also – und das Bild steht nebenan. Ausser vielleicht, dass Goma ihren Assistenten (das ist der Fotograf Kurt Wyss) in die Hand biss. Ich hätte auch gebissen. Wahrscheinlich hat er sich wieder so umständlich angestellt, dass der Affe die Geduld verlor.

Blick ins Menschenhaus des Basler Zoologischen Gartens. Fotografin ist Goma. Den pneumatischen Fernauslöser begriff sie sofort: einmal den Gummiball drücken – ein Bild.

Ganze, Halbe, Viertel, Achtel, Sechzehntel, Zweiunddreissigstel gar – aber nicht Bruchrechnen wird hier geübt, sondern Notenlesen.

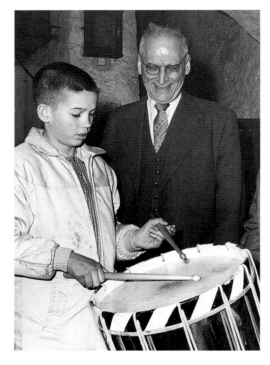

Ein Basler Trommelschüler und der berühmte Basler Trommeldoggter Frutz, vulgo Dr. iur. Fritz Berger. In einem Nachruf auf Berger, der am 22. April 1963 an den Folgen eines Tramunfalls starb, schrieb Rolf W. Weber: «Dr. Bergers unbestrittenes Verdienst besteht in der eigentlichen wissenschaftlichen Erfassung des Naturphänomens ‹Basler Trommelkunst›. Daneben hat er, als schöpferischer Künstler, selber für die Basler Trommel komponiert, zugleich dem überlieferten Stil treu bleibend und ihn folgerichtig entwickelnd.»

Mit Trommeln und Trompeten

Die auf diesen Bildern noch üben, üben, üben, gehören mittlerweile zur alten Garde und können aufmerksam und kenntnisreich den Sprösslingen zuhören – ihren Enkeln!, die nun an der Reihe sind, in der Trommelschule oder in der Knabenmusik zu lernen.

Trommeln – das versteht sich von selbst, bedarf keiner weiteren Worte. Aber Trompeten? Auch das wird immer noch gelernt. Die ‹Genossenschaft› fragte sich damals weshalb und fand dies heraus: «Das Bedürfnis nach dieser volkstümlichen Musik ist in allen Kreisen sehr gross. Woher kommt das? Nun, seit jeher hat sich der überwiegende Teil aller Blasmusiken der Marschmusik verschrieben. Marschmusik aber zündet! Wem juckt es nicht in den Beinen, wenn er die klingenden Melodien eines rassigen Marsches hört! Wem schlägt das Herz nicht höher beim regelmässig schwellenden Crescendo im strengen Viervierteltakt!»

Und gleich noch dazu: «Es ist nicht etwa einfach, ein guter Blasmusiker zu werden. Die Ausbildung muss schon in jungen Jahren beginnen und muss konsequent und zielbewusst durchgeführt werden.» Also dann!

Sie lernen Trompete, und so ganz nebenbei lernen sie auch noch, anderen zuzuhören, lernen sie Gruppengefühl. Aber wo sind, ganz nebenbei gefragt, eigentlich die Mädchen?

Das sieht ja so ordentlich, fleissig und brav aus, dass der Dramdiräggter gleich einen Orden verleihen müsste!

Wie war das noch?
Spinnen am Morgen,
Kummer und Sorgen.
Spinnen am Mittag,
Glück am Drittag.
Spinnen am Abend,
erquickend und labend.

Jungmädchenstube –
Stilistisches Charivari.

Selbst gesponnen, selbst gewonnen

Also der Reihe nach. Erstens waren Spinnräder fürchterlich dankbare Möbelstücke zum Austoben für Heimatkünstler. Keine Schraube (aus Holz natürlich), kein Fuss, kein Rad, an dem nicht gedrechselt war, was irgendwie in eine Drehbank passte.

Zweitens war das Spinnrad – im Jungmädchenzimmer – nicht Schmuckstück, es war vor allem Mahnung. Hübsch sollte alles sein, aber das konnte es nur sein, wenn das Mädchen fleissig, fleissig, fleissig war.

Drittens und logische Folge aus zwei: Das Spinnrad war eine Art Indikator für soziale Befindlichkeit. Je ärmer man war, umso mehr musste man spinnen (schon morgens!).

Viertens machten sich Männer gerne lustig über die Spinnstuben, in denen die Frauen abends zum Spinnen zusammenkamen, während die Herren der Schöpfung in der Kneipe beim Bier das grosse Wort führten. Börries von Münchhausen dichtete (19. Jahrhundert!) von der spinnenden Familie (nur Frauen!):

Urgrossmutter,
Grossmutter,
Mutter und Kind
in dumpfer Stube
beisammen sind.
Da fiel um das Spind
und begrub unter sich
Urgrossmutter,
Grossmutter,
Mutter und Kind.

Wenn einer heute über das Spinnen schreibt, dann gerät er (ja, er!) ins Schwärmen, und je mehr er schwärmt, umso weniger Ahnung hat er. Ende der Unterrichtsstunde.

Alles so vertraut, der Neuner, das Haltestellenschild, das Mädchen, das Spinnrad und alles schon hinüber – am längsten hat das Tram gehalten!

Auf Peter Kraus waren sie eifersüchtig. Dieser deutsche Schnulzensänger machte ihnen doch glatt ihre Mädchen abspenstig.

Anstehen wie zum Sinfoniekonzert.

Am Ende musste die Polizei den Sänger vor seinem stürmischen Publikum in Schutz nehmen.

Heute Blume, morgen Heu

‹Pack die Badehose ein›, das war Conny Froboes, das ist noch im Kopf. Aber Peter Kraus? Was sang der denn eigentlich? Vergessen. Natürlich, er war ja auch ein Mann! Wer kann von hier und heute aus erklären, was die Mädchen damals an die Rampe trieb, was sie hysterisch kreischen liess, dass sie heute rote Ohren bekämen, hörten sie sich. Wenn sie dann aber an der Rampe standen, waren sie ganz, ganz lieb, reichten Blumensträusse hinauf, die sie – man muss sich das vorstellen – stundenlang herumgeschleppt hatten, um sie vielleicht überreichen zu können. Und dafür ein Händedruck, das war noch Seligkeit, war tiefe, tiefe Seligkeit! Die Herren und Damen Eltern mochten es zufrieden sein, wenigstens trug der junge Mann Krawatte und anständig gebügelte Hosen, und die Schuhe waren auf Hochglanz geputzt (auch wenn ein Herr keine Schnallen an den Schuhen trägt). Und sowas von gekämmten Haaren sah man unter den sangesfreudigen Damen und Herren der Unterhaltungsbranche auch damals schon längst nicht mehr alle Tage.

Aber damals hiessen die Kids ja auch noch Teenager, gingen abends in elterlicher Begleitung zur Tanzstunde und waren noch keine Zielgruppe der Werbung, die ihre kleinen und grossen Sehnsüchte schamlos ausbeutete. Gab es nicht sogar noch Poesiealben? Gab es eigentlich schon Groupies?

Mustermesse musisch –
Peter Kraus singt für alle
und liebt alle.

Der Dank des Vaterlandes – Urkunde, Händedruck.

Wer wagt, zu schreiben, was sowieso jeder sieht und jeder kennt? Das Menu ist weltberühmt – jedenfalls in der Schweiz.

Abgeben

Max Frisch: «Das alles ist lange her. Ich bin als Vater nie gefragt worden, wie es damals gewesen sei. Was man als schweizerischer Wehrmann erlebt hat, scheint über die Anekdote nicht hinauszugehen; keine Wendung in unseren Lebensläufen, keine Gewissenslast. Es hat sich denn auch kaum eine Literatur daraus ergeben. Ein Leid wie anderen Ländern blieb uns erspart. Partisanen hatten wir nicht, Schuld auch nicht. Was nach und nach ans Licht gekommen ist, das eine oder andere Vorkommnis, dessen rechtzeitige Kenntnis die damalige Zensur uns erspart hat, allerlei Verratsbereitschaft vor allem in den gesellschaftlichen Gruppen, die von Verantwortungsbewusstsein sprechen heute wie damals, drängt nicht zur Erstellung eines Denkmals; soviel Ungeheuerlichkeit ist damals geschehen ausserhalb unserer Grenzen, dass wir uns kaum mit uns selber befassen müssen. Was ist ein Herr Rothmund (so darf man mit Recht sagen) verglichen mit einem Himmler? Kein Thema. Wir blieben verschont, wir sind dankbar dafür, und die Meinung, dass unser Militär sich bewährt habe, ist unerschütterlich.» (Aus ‹Dienstbüchlein›. Zitiert nach Gesammelte Werke in zeitlicher Folge 1968–1975. Band VI.2 / S. 613. Suhrkamp Verlag, 1976)

Liesse sich nicht leicht denken, dass hier einer mit der Trompete nach Hause geht, mit der er gerade noch zur Trompetenstunde ging?

GI heisst General Issue – das heisst soviel wie Normalausgabe. Eine amerikanische Normalausgabe assistiert hier seiner europäischen Sonderausgabe beim Eintrag ins Traubuch.

Immer noch in Basel – die Neuvermählten werden nach japanischer Sitte mit Reis beworfen.

Marry Tuesday!

Immer am Dienstag, lesen wir vierzig Jahre später sehr erstaunt, kramten Basler Standesbeamte (die in Zürich übrigens auch) ihre Wörterbücher hervor, weil, ja, nun musste es halt amerikanisch sein. Nur in Basel und Zürich bekamen heiratslustige Schweizreisende englisch geschriebene (und in den USA anerkannte) Trauscheine. Jedes Jahr waren es Hunderte von Pärchen, die immer gleich gruppenweise getraut wurden – und eben immer am Dienstag, der Dienstag war zum amerikanischen Trautag bestimmt worden.

Wie es möglich war, dass Angehörige einer fremden Armee in Uniform in die Schweiz reisen konnten, bleibt ein Geheimnis – dass sie die Schweiz selig wieder verliessen, darf ohne den leisesten Anflug von Ironie angenommen werden. «Für uns», schrieb die in Wirtschaftssachen kenntnisreiche Illustrierte ‹Sie und Er› in einer grossen Bildgeschichte – den Fotografen kennen Sie –, «bedeutet die Traumöglichkeit von Ausländern keine geringe Verkehrswerbung. Unvergessen bleibt der Trautag in der Schweiz, und viele der jungen Pärchen versichern, später mit den Kindern nach der Schweiz wiederzukehren.»

Raymond Flaherty mit seiner deutschen Braut (links), William Parker, US-Air-Force Frankfurt a. M., mit seiner amerikanischen Braut (rechts). Was genau betrachtet wird, sind Zuckerbeeren, die als Glücksbringer gleich nach der Trauung verspeist werden.

Leicht abgegeben – etwas schwierig, das grosse Paket durch das kleine Autofenster zu bekommen ...

Aber wo ein Wille ist, ist ein Weg!

Hauptsache amerikanisch!

Ach ja, und weil es gerade schon so schön amerikanisch war – jetzt gibt es auch in Basel das, was drüben ‹Drive in› heisst. Die Heiratskandidaten der US Army kamen im Vollwichs bei hellichtem Tag über die Grenze. Die Ableger der amerikanischen Alltagssprache kamen (und kommen immer noch) bei Nacht und Nebel. Plötzlich steht da was auf einer Hauswand und keiner weiss genau, was das eigentlich heisst: Drive-in! Fahr rein! Zum Beispiel in die chemische Reinigung. Die geballten Herrenanzüge passten zwar kaum durchs Autofenster, aber darauf kam es gar nicht an, auf das gute Gefühl kam es an!

Ausserdem sieht man eine schöne alte Basler Autonummer und ein Musterbeispiel flotter und wirkungsvoller Basler Werbegrafik (der Polizist) und die Trostlosigkeit einer Basler Hausecke, an der alles vom Besten ist – der Teerboden, die Kunststeinfassade, das Schaufenster, die Fenster im ersten Stock – jedes Unkräutlein würde schreiend die Flucht ergreifen. Hat schon – sehen Sie etwa etwas Grünes? (Der erste Autobriefkasten wurde übrigens in Basel erst am 22. März 1968 in Betrieb genommen – am Kannenfeldplatz. Offenbar konnte man damals dort noch anhalten, ohne sofort in Grund und Boden getutet zu werden. Er steht übrigens immer noch da.)

Die Zeit der Stahlseile, über die vom Stellwerk aus die Weichen gestellt wurden, ist nun auch vorbei.

Elegant, übersichtlich, leicht zu bedienen, wenn man es erst mal kann.

Fortschritt um jeden Preis

Das neue Stellwerk war natürlich der ganze Stolz seiner Erbauer und Besitzer. Umso mehr wurden sie die Opfer der Tücken des Objekts. Denn, meldet die Stadtchronik unter dem Datum vom 10. Mai 1960, «bei der Umstellung kommt es zu zahlreichen, z.T. Stunden dauernden Betriebsunterbrüchen». Deshalb kam die ständerätliche Bundesbahnkommission auch erst zur Besichtigung, als das automatische Stellwerk vor dem Personenbahnhof richtig lief. Das war im Juli.

Im übrigen ist diese nostalgische Betrachtungsweise reinster Snobismus. Die elegischen Betrachter des Verfalls alles Alten sind in aller Regel nicht identisch mit jenen, die sich an diesem Alten den Buckel krumm und die Hände schrundig arbeiteten.

Erstens, Freunde, merkt Euch, kommt die Bahn. Zweitens sind die Schiffe dran. Drittens geht es durch die Stadt, die im Ausland einen Flugplatz hat.

Ein bisschen umständlich
vielleicht, aber doch grundsolide und irgendwie Menschenmass, oder? Aber was kümmert das den Fortschritt!

Folgende Doppelseite
Vorfeld Bahnhof SBB, ein Eisenbähnler-Bubentraum. Am 20. Dezember 1961 bewilligte der Verwaltungsrat der SBB einen Kredit von 120 Millionen Franken für den neuen Rangierbahnhof Basel-Muttenz II.

Nicht gerade eine Empfehlung für die Basler Rheinschiffahrt – oder war gerade Niederwasser? Schiffe müssen fahren, nicht im Hafen liegen. Aber schön sind sie, und – im Zeitalter der Containerschiffe – längst nicht mehr oft so zu sehen.

Wie begründete der Bundesrat seine Ablehnung des Wunsches nach dem TV-Studio in Basel? Mit der günstigeren Verkehrslage Zürichs! Kohlenberg – Steinenberg. An der ersten Strassenecke rechts das alte Stadttheater.

Folgende Doppelseite
Links vorne ist das Gärtchen, in dem man noch warten konnte, bis die landende Maschine ausgerollt war und ein paar Meter weiter stehen blieb. Zigaretten aus natürlich! Basel / Mulhouse, einem der gemütlichsten Flughäfen Europas.

Signierstunde. Iris von Roten, die Autorin, und Miggeli Aebersold, die Journalistin als Gesinnungsfreundin, im Buchladen mit ‹Frauen im Laufgitter›.

Jüsp war dabei. – Der Zeichner, Cartoonist und Pfeifenraucher vor seinem Abstimmungsplakat.

Aufstand und Bitterkeit

Mario König, in Basel lebender Historiker, schreibt in einem sehr erhellenden Essay ‹Politik und Gesellschaft im 20. Jahrhundert – Krisen, Konflikte, Reformen› über Iris von Rotens Darstellung der elementaren Ungleichheit zwischen den Geschlechtern in der Schweiz. «Selten ist ein Buch in der Schweiz auf derartig spontane und heftige Ablehnung gestossen wie Iris von Rotens ‹Frauen im Laufgitter›. Publiziert 1958, sollen die ‹Offenen Worte zur Stellung der Frau› (dies der Untertitel) einen Beitrag zur ersten nationalen Abstimmung über das Frauenstimmrecht im folgenden Jahr leisten. Die Autorin löste einen Sturm der Entrüstung aus, sieht sich lächerlich gemacht und gedemütigt von einer sich angegriffen fühlenden Männeröffentlichkeit. (...) Die Breite der Analyse überfordert die meisten Zeitgenossinnen und Zeitgenossen. Erst eine Generation später ist die Aufnahmebereitschaft vorhanden. Als das Buch, das seinerzeit verrissen, aber kaum ernsthaft gelesen wurde, 1991 eine Neuauflage erfährt, findet es problemlos den Weg an die Spitze der Bestsellerliste. Die Verfasserin ist im Vorjahr verstorben, ohne nochmals an die Öffentlichkeit getreten zu sein. Die Missachtung ihrer gescheiten und witzigen Analyse hat sie nie verwunden.» (In: ‹Kleine Geschichte der Schweiz›, Suhrkamp Verlag, 1998)

So liest sich Iris von Roten: «Pikanterweise vermag keine Staatsform die Unterdrückung der Frauen in ihrer Eigenschaft als Angehörige des weiblichen Geschlechts so deutlich zu veranschaulichen wie die demokratische (...) Und sie tut dies um so plastischer, je mehr sie sich der ‹reinen›, der unmittelbaren Demokratie nähert. In diesem Sinne bildet die Schweiz das markanteste Beispiel der Welt für die Unterdrückung der Frauen. Die staatsrechtliche Untertanenschaft des weiblichen Geschlechts, die in der abendländischen und anderen Kulturen so lange die Regel gewesen ist, erscheint hier sozusagen in Reinkultur.» (Iris von Roten: ‹Frauen im Laufgitter. Offene Worte zur Stellung der Frau›. 1. Aufl. Bern, 1958.)

Elsbeth Thommen als Laternenmalerin. Sujet: Frauen im Laufgitter. Und eines der Ladärnevärsli ging so:

Das Maiteli
vergluschtet fascht,
dert usse
uff em düre-n-Ascht.

1961

«Die wirtschaftliche Blüte, deren sich Basel auch im Jahre 1960 erfreuen durfte, förderte eine gewisse politische Verkalkung und Sattheit. Auffallend ist eine weit verbreitete und daher gefährliche Interesselosigkeit gegenüber allen Schicksalsfragen unserer Zeit (...)»

Fritz Grieder in der Basler Chronik, Jahreswechsel 1960/61

Das Ehepaar Jaspers im Kollegienhaus. Im Hintergrund die sommerlich leeren Garderoben.

Zum letzten Mal visiert der Philosophieprofessor Karl Jaspers die Testathefte seiner Studentinnen und Studenten.

Karl Jaspers: «Dass wir miteinander reden können, macht uns zu Menschen.»

Von der Gewissheit des ewigen Ursprungs

Seit 1948 lehrte der Existenzphilosoph Karl Jaspers – 1958 mit dem Friedenspreis des Deutschen Buchhandels ausgezeichnet – in Basel. Die Schlussgedanken seiner letzten Vorlesung galten dem, was Schiller als holden Götterfunken bezeichnete: «Fröhlichkeit, Freude, wenn sie nicht nur der schöne Lebensjubel vitaler Kraft ist und mit ihr dahinschwindet, wenn sie vielmehr die Gewissheit des ewigen Ursprungs ist, dann ist sie in erfüllter Gegenwärtigkeit, solange wir da sind, immer noch und immer wieder möglich.»

Die Stimme des Lehrers blieb hörbar und gab Hoffnung. Vier Jahre später erschien sein Buch ‹Wohin treibt die Bundesrepublik?› Darin lesen wir: «Aber der Mensch darf nicht verzweifeln, wenn er seinen Ursprung erfahren und leben will. Auf seinem Weg kann er mit denen gehen, die wenigstens für die Chancen der Vernunft kämpfen, die Würde des Menschen wahren. Es bleibt immer die Möglichkeit, dass am Ende der Mensch über die Widervernunft in ihm selber Herr werde. Wenn aber nicht, dann hat er gleichsam das Alibi einer anderen Möglichkeit verwirklicht, die sich nicht durchsetzen konnte. Jeder Einzelne wählt, unbewusst oder bewusst, auf welchem Weg er leben, denken, handeln und sterben will.»

Zum letzten Mal verlässt der 78jährige Karl Jaspers nach einer Vorlesung den Hörsaal 2 des Basler Kollegienhauses – eines der schönsten und bewegendsten Bilder des Jahrzehnts.

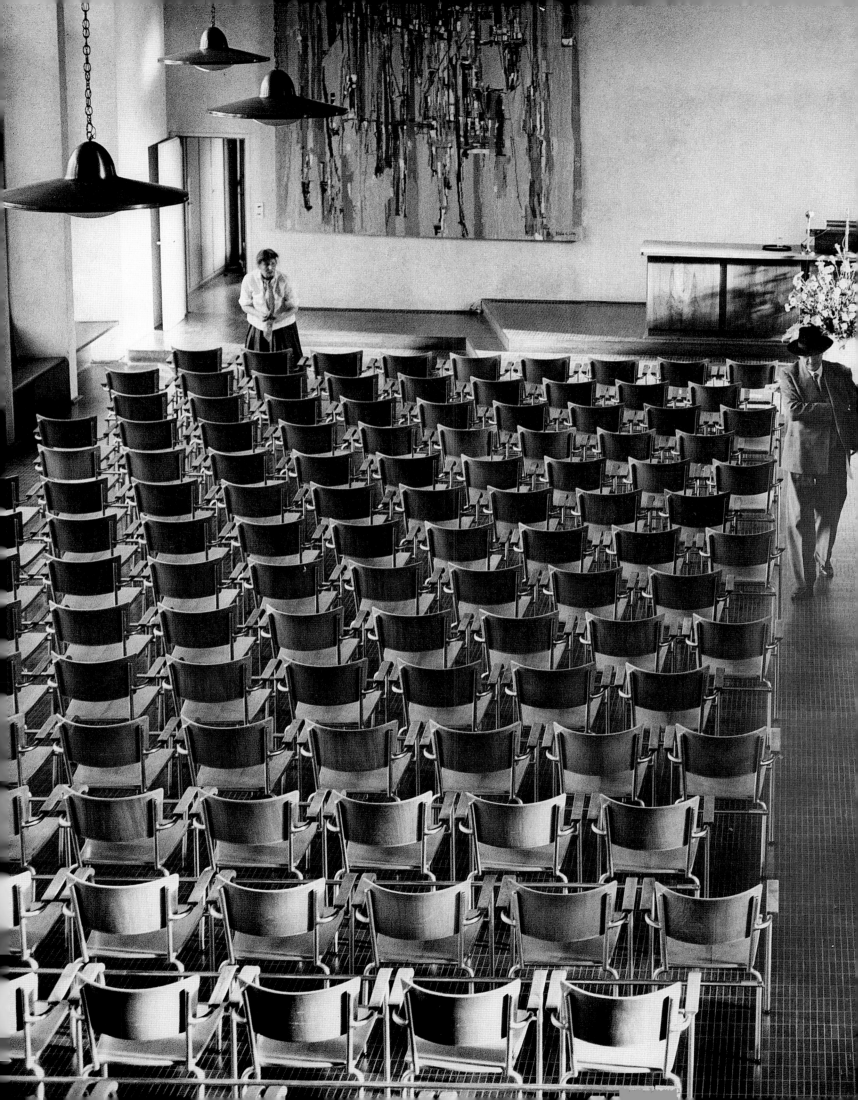

Grace Bumbry, «Basels Negerstar» (so im ‹Blatt für Alle›) geht in diesem Stadttheater einfach so aus und ein.

Grace Bumbry, die «schwarze Venus», liest vermutlich wieder die falsche Zeitung – hoffentlich an der richtigen Tramhaltestelle.

Grace Bumbry, «dunkelhäutiger Liebling der Opernfreunde», probiert Carmen, ihr Basler Debut.

Sie konnte doch tatsächlich Kaffee kochen

Sie war charmant, sie hatte eine hübsche Wohnung, keine Staralüren (nein – sie war «von keinen Staralüren getrübt»!). Sie verliebte sich in einen blonden Tenor, mit dem sie sich so verlobte, dass sie vertrauensvoll ihre «schlanke schwarze Hand, mit dem Verlobungsring geschmückt, über die starke weisse Hand ihres weissen Verlobten Andreas Jaeckel» legte. Die Kerzen der Verlobungstorte erhellten übrigens in der Basler Kunsthalle mit ihrem warmen Schein die glücklichen Gesichter der «Schwarzen Venus» und von Andreas.

Kurz und gut – Grace Bumbry in Basel. Man kann sich vorstellen, dass der erste Marsmensch am Broadway ähnlich begrüsst würde. Die dumpfe Ahnung lässt sich nicht verscheuchen, dass hinter aller zur Schau getragenen Bewunderung, hinter diesem öffentlichen Staunen sich das Staunen über so viel hierzulande sanktionierte Normalität verbirgt – immerhin eine ‹Negerin›, nicht wahr!

Singen konnte sie übrigens auch – jenseits von allem Klatsch machte die Altistin Grace Bumbry deshalb Karriere. Als sie nach Basel kam, hatte sie sich gerade die ersten Sporen verdient – in Paris (als Aida an der Pariser Oper). Später kam sie gelegentlich nach Basel zurück – im Triumphzug.

Egon Karter war immer am Ball. Auch ‹The Howl of Beat› gehörte irgendwann dazu – zum Kellerprogramm. Georg Holzner heult.

So einträchtig die beiden Plakate nebeneinanderhängen, so erbittert war manchmal das Gerangel der beiden Häuser um den ersten Platz in der Stadt. Karters Komödie war lebendig, frech, schnell. Und nicht zu übersehen.

Eine Komödie wie keine andere

Direktor und erster Regisseur des Basler Schauspieltheaters ‹Die Komödie› war seit dem 26. September 1950 ihr Gründer, der Schauspieler und Regisseur Egon Karter. Ein Normalspielplan seiner ‹Komödie› kündigte in der Regel über dreissig Premieren für eine Saison an, vier oder fünf davon für die sogenannte Komödienwerkstatt im Keller. Die Hälfte der Stücke waren Schweizer Erstaufführungen. Das klassische Repertoire – Shakespeare, Schiller, Goethe, Ibsen – gehörte selbstverständlich dazu. Wer sich als Zuschauerin oder Zuschauer dem Theater zuwendete, konnte hier zuerst einmal sein Repertoire lernen.

Über dreissig Premieren und ein kleines Ensemble, die Komödie war von Schauspielern als Knochenmühle gefürchtet, hier wurde geschuftet. Aber sie war auch beliebt, denn hier konnten, hier mussten Schauspieler spielen. Karters Beziehungen machten es möglich, dass längst legendäre Schauspieler wie Ewald Balser (1898–1978) oder Tilla Durieux (1880–1971) noch in den sechziger Jahren in Basel auftraten. Und nicht zuletzt wurde hier siegreich und über alle Abonnentenköpfe hinweg mit einer gewissen Verbissenheit modernes Theater gespielt.

Maria Schell mit Egon Karter, «mein Operettentenor aus Biel–Solothurn und meine erste Liebe (…) Ich weiss nicht mehr genau das Jahr, aber wir haben gemeinsam sein Theater, die Komödie in Basel, eröffnet. Bis zehn Minuten vor Premierenbeginn hatte ich den Zuschauerraum staubgesaugt und geputzt». (Maria Schell: ‹… und wenn's a Katz is!›, Bastei-Lübbe, Berg. Gladbach, 1995)

Alle Schells hatten ein Bein in der Basler Komödie. Hermann Ferdinand Schell, seine Frau Margarethe Schell von Noé, die Geschwister Maria, Immi, Carl und Maximilian Schell.

Ein Grandseigneur, eine Dame, ein Handkuss, eine Amtsperson, eine Vernissage: nämlich Dr. Hans Theler, Präsident des Basler Kunstvereins, begrüsst Nina Kandinsky, die Witwe des Malers, zur Kandinsky-Ausstellung in der Basler Kunsthalle. Hinter ihr sitzt, weisshaarig, Dr. Peter Zschokke, Chef des Erziehungsdepartements.

Arnold Rüdlinger lächelt. Er ist der Direktor der Kunsthalle Basel. Neben ihm lächelt Margrit Suter, die Seele des Geschäfts. Sie führt das Sekretariat der Kunsthalle Basel.

Von Goldkörnern im Sand

«Damals lebte ich noch in dem Wahn, dass der Beschauer sich mit offener Seele dem Bild gegenüberstellt und eine ihm verwandte Sprache herauslauschen will. Solche Beschauer existieren auch (das ist kein Wahn), nur sind sie ebenso selten wie Goldkörner im Sand. Es gibt sogar solche Beschauer, die ohne persönliche Verwandtschaft mit der Sprache des Werkes sich ihm geben und von ihm nehmen können. Ich habe solche im Leben getroffen.» (Wassily Kandinsky: ‹Rückblicke›, Sturm-Verlag Berlin, 1913)

«Zum Schluss möchte ich bemerken, dass meiner Ansicht nach wir der Zeit des bewussten, vernünftigen Kompositionellen immer näher rücken, dass der Maler bald stolz sein wird, seine Werke konstruktiv erklären zu können (im Gegensatz zu den reinen Impressionisten, die darauf stolz waren, dass sie nichts erklären konnten) ...» (Anfang des letzten Satzes in ‹Über das Geistige in der Kunst›)

Endlich ein richtiges Starfoto! Die Basler Fernsehmoderatorin Heidi Abel, der Basler Journalist Hanns U. Christen (-sten) und der Fernseh-Quizmaster Hermann (Mäni) Weber bei Helbing & Lichtenhahn. Dass sie so traulich vereint einen Facsimile Querschnitt der ‹Gartenlaube› betrachten, kann kein Zufall sein.

1962

«Merkwürdig gelassen reagiert die öffentliche Meinung auf die unverkennbare Gefahr der Vernichtung der Menschheit oder wenigstens eines Teiles von ihr durch einen mit Atomwaffen geführten Krieg. Diese Möglichkeit scheint ins Unterbewusstsein verdrängt zu werden vor der Tatsache einer Blüte ohnegleichen in allen Wirtschaftszweigen und den damit verbundenen Konsequenzen, wie ständiger Teuerung und andauerndem Mangel an Arbeitskräften. Die Zahl der in der Schweiz beschäftigten Ausländer nähert sich einer halben Million. Immer dringender wird die äusserst schwerwiegende Entscheidung der Schweiz über ihr Verhältnis zur Europäischen Wirtschaftsgemeinschaft und die daran geknüpften Konsequenzen politischer Art.»

Fritz Grieder in der Basler Chronik, Jahreswechsel 1961/62

«**Die offizielle Bundesfeier** beschränkt sich auf eine bescheidene Feier am späten Nachmittag vor dem St. Jakobsdenkmal. Nach dem Eintreffen des Kranz- und Bannerzuges vom Marktplatz her hält Ständerat Dr. E. Dietschi beim Denkmal die Festansprache. Weitere Feiern finden am Abend auf dem Bruderholz, am Rhein, beim Buschwilerhof und in Riehen statt. Die meisten Firmen halten ihren Betrieb seit Mittag geschlossen.» (Basler Chronik)

Basels zukünftiger Finanzminister (Amtsantritt am 16. Mai 1966) in Uniform: Wachtmeister Dr. iur. Lukas (Cheese) Burckhardt.

Friedensdienst

Die Feuerwehrschläuche auf dem Bild rechts werden gesäubert und mit Hilfe eines Geräts, das am oberen Bildrand zu sehen ist, trocken gequetscht. Dann werden sie aufgerollt. Bis zur nächsten Übung hoffentlich (und nicht bis zum nächsten Brand). Halte Ordnung, wahre sie!

Am WK hat sich nicht viel geändert. Manchmal kommt die Zeitung, manchmal kommt der Regierungsrat, Fotografen kommen immer. Und finden immer schöne Bilder. Je weniger Krieg, desto erfreulicher der Militärdienst.

Das Luftschutzbataillon 16 beendet seinen Wiederholungskurs.

Seite 68

Zum ersten Mal verkehrsfreie Innerstadt zum Weihnachtsverkauf – auch für Velos herrscht Fahrverbot.

Seite 69

Friedensbewegung, Friedensfahrt, Friedensfest, Friedensforschung, Friedenskorps, Friedensnobelpreis, Friedenspfeife, Friedenspflicht, Friedensrichter, Friedenstaube, Friedensvertrag – nur der Friedensapostel kommt im Wörterbuch nicht vor. Hier ist einer, der berühmte Max Daetwyler. Ausnahmsweise nicht in Basel fotografiert wie alles andere, sondern in New York! Seine Erfolge? «Sechs Mal Irrenanstalt und einige Gefängnisstrafen», sagte er den amerikanischen Journalisten, die ihn danach fragten. Das Bild kommt hier nur vor, weil es ein Lieblingsbild des Fotografen ist – er traf Daetwyler irgendwo in Downtown Manhattan.

Ordnung ist das halbe Leben – vor dem Computer manchmal noch mehr: Der Börsenschreiber führt Buch über die bezahlten Kurse. Mit Feder und Tinte!

Der Ring – am Anfang mit voller Stimme hoch rein, am Ende heiser und ganz flach raus. Oder so ähnlich.

Kurzgefasste lange Geschichte der Börse

Ort regelmässiger Zusammenkünfte von Kaufleuten zum Abschluss von Handelsgeschäften. Schon im Altertum gab es börsenähnliche Zusammenkünfte, aber erst im Mittelalter bildeten sich allmählich auf Warenmärkten und Messen Vorläufer der Börsen-Ordnungen und -Gewohnheiten. Der Begriff Börse stammt von den ab 1409 regelmässigen Versammlungen lombardischer Geld- und Wechselhändler auf dem ‹ter beurse› genannten Platz in Brügge vor dem Haus der Kaufmannsfamilie van der Beurse (auch Burse). Die erste richtige Börse entstand 1460 in Antwerpen. Es folgten Lyon (1462), Amsterdam (1530), London (1554), Augsburg, Nürnberg, Hamburg (1558), Köln (1566), Danzig (1593), Frankfurt a.M. (1615), Berlin (1716), Wien (1771), New York (1792), Zürich (1877). In der Schweiz gibt es Effekten-Börsen in Zürich, Genf und Basel.

Ringhändler an der Basler Börse – die Grossväter und Väter der Yuppies.

Aus dem Nichts ins Nichts

«Die Bewohner des Gundeldinger-Quartiers im Südosten Basels wurden am Dienstag abend kurz vor acht Uhr durch ein eigenartiges Geräusch aufgeschreckt. Als sie der Ursache dieses Lärms nachgingen, fanden sie eine Sitution vor, die sie an Kriegsereignisse oder Erdbeben erinnerte. Die Mauer eines älteren dreistöckigen Hauses mit einem Mansardenaufbau war komplett eingestürzt. Wie bei einer Kinderstube konnte man in die Zimmer sehen, und die Treppen führten direkt ins Nichts. Glücklicherweise wurde bei dem Einsturz niemand verletzt.

Neben dem Unglückshaus war vor kurzer Zeit eine Liegenschaft abgebrochen worden. Dabei scheint man der Gegenabstützung des Nachbarhauses zu wenig Beachtung geschenkt zu haben. Die Basler Polizei und Feuerwehr evakuierten vorsichtshalber auch das auf der anderen Seite der Baugrube sich befindliche Wohnhaus.» (Pressemeldung)

Vom Innenleben eines
Basler Mietshauses.

Betreten der Baustelle
verboten – Für Unfälle wird
jede Haftung abgelehnt.

Die Baugrube war ja
irgendwie noch ganz
praktisch, weil der herabstürzende Schutt gut Platz
darin fand.

Folgende Doppelseite
Nationalstrasse N 2
Schweizerhalle zwei Jahre
nach dem Startschuss.

1963

Immer noch die Herren im Land: Der Verfassungsrat beider Basel, in Liestal tagend, berät im November 1962 über den zweiten Bericht der Kommission für die Grundrechte. Am meisten zu diskutieren gibt die Frage der Einführung des Frauenstimmrechtes. Mit 97:32 Stimmen lehnt der Rat die Verankerung des Frauenstimmrechtes in der Verfassung ab. «Vom Bericht des Regierungsrates über die Stimmfaulheit der Basler nimmt der Rat zustimmend Kenntnis.»

Basler Chronik, 1. Februar 1963

Jungbürgerinnen, die Ablehnung der Verankerung des Frauenstimmrechts in der Verfassung ablehnend.

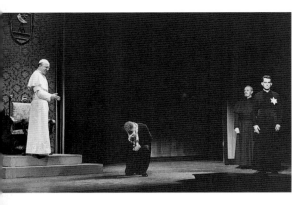

Szenenbild ‹Der Stellvertreter›, Schweizerische Erstaufführung in Basel.

Beschlagnahmte Hühnereier: Argumente gegen das Stück auf dem Tisch des Verwaltungsdirektors Adolf Zogg.

Lagebesprechung: Der Regisseur Ernst Kuhr, der Autor Rolf Hochhuth, der Theaterdirektor Friedrich Schramm.

Der Skandal fand nicht statt

«Der Zuschauer musste sich durch eine dichte Menschenmenge durchkämpfen und einen Polizeikordon passieren. Es sei gleich vorweggenommen: Der Skandal fand nicht statt. Zum Teil ist das das Verdienst der Polizei, die bei allen Störungen – es mögen ihrer vier oder fünf gewesen sein – sogleich das Licht im Saal anschaltete und sogar einmal mit einem Scheinwerfer die Ränge abtastete, zum grossen Teil aber auch das von Direktor Schramm. Er trat vor der Aufführung vor den Vorhang, und als sofort eine offensichtlich kleine Minderheit zu lärmen und zu pfeifen begann, meinte er ruhig, man möge erst das Stück ansehen und dann erst seinen Gefühlen Luft machen. Mit dieser überlegenen Bemerkung stopfte er den Demonstranten fürs erste den Mund. Und um auch dies gleich zu sagen: Der Applaus war beispiellos.» (Basler Nachrichten, 25. September 1963)

«Eines Abends kamen Alex und Clemens aus der Seibi. Sie schlenderten am Übungslokal des Fasnachtsvereins vorbei Richtung Hasenburg, als sie mit Kurt Fahrner zusammenstiessen, der eine Rolle unter dem Arm trug, die sich später als Transparent herausstellte.

‹Wir machen eine Gegendemo!› stiess er hervor. ‹Die Katholiken wollen den Hochhuth verbieten! Wir treffen uns in einer halben Stunde beim Stadttheater!›

Alex kannte Kurt vom Sehen. Meistens sah er ihn in einer Kneipe mit seinem Galeristen um eine Zeichnung oder ein paar Schnäpse knobeln, bis sie sich in die Haare gerieten und mit Fäusten aufeinander losgingen. Nach dieser Demonstration, bei der Kurt standhaft ein Transparent verteidigte, auf das er ‹Freiheit für die Kunst› gemalt hatte, begann eine Freundschaft zwischen Alex und Kurt.» (Jean Willi: ‹Sweet Home›, a.a.O.)

«In die Hochhuthdebatte möchte ich lieber nicht eintreten. Die Geschmacklosigkeit der ganzen Sache merkt ja jeder (...)» (Hans Urs von Balthasar in einem Brief vom 28. August 1963 an die Basler Nachrichten)

«**Wir rufen alle** Gesinnungsfreunde auf, der Empörung über die Aufführung des ‹Stellvertreters› *in würdiger Weise* Ausdruck zu geben durch die Teilnahme an einem Schweige-Marsch. Besammlung morgen Dienstag, dem Tag der Premiere, den 24. September 1963 um 19.00 Uhr auf dem Marktplatz.» (Aktion Junger Christen für den konfessionellen Frieden)

Bahnhof Riehen: Im August 1962 war er gerade hundert Jahre alt – schon fast älter als die erste Eisenbahn!

Die einen hatten feuchte Augen, die anderen trockene Kehlen: Weinstube Hunziker zum Letzten.

Feuchte Augen, trockene Kehlen

Ein Fass ist ein trommelartiges, geschlossenes Rundgefäss aus Dauben, die durch Reifen zusammengehalten werden. Für drei Fässer gilt dasselbe mal drei, für weitere entsprechend.

Gestern hats Lisettli Hunziker ein letztes Mal am Spaalebäärg hantiert: s'isch uuszooge! Man hat nicht nur seine Wohnung und die alte verrauchte Wyystuube, sondern auch noch den Keller geräumt, und bei dieser Gelegenheit ist es unserem Fotografen ‹gelungen›, erstmals in Lisettlis früherem ‹Heiligtum›, im Wyykäller, der es ja bei Schöppelern, bei Höggelern und bei den Siirpflifritze zu einer gewissen Berühmtheit gebracht hat, einen Blick zu tun und zu knipsen. Es soll vorgekommen sein, dass den Möbelmännern beim Verpacken der vielen Flaschen s Wasser im Mund zämmegloffen isch.

(Lisettli Hunziker starb, 87jährig, am 3. Januar 1968.)

Auch das Wirtshaus zum Besenstiel musste dran glauben.

Fackelträger auf dem Münsterplatz. Viele Menschen trafen sich an vielen Orten, um ihre Erschütterung mitzuteilen und zu teilen. Die Meldung von der Ermordung des amerikanischen Präsidenten John F. Kennedy liess niemanden unberührt.

Was soll die Zeitung?

«(...) dass es viel schwerer ist, ein Meinungsblatt zu redigieren als ein reines Informationsblatt (...) Diese Tatsache dürfte unter anderem davon herrühren, dass eines der Hauptmerkmale unseres Zeitalters die fast totale Auflösung aller, einst allgemein verbindlicher Wertvorstellungen geworden ist. Gewiss, es gibt in unseren Tagen noch sehr viele Menschen, die in einer fundierten Wertwelt leben, sei diese religiös, irgendwie weltanschaulich oder bloss mehr konventionell, gewohnheitsgemäss bedingt. Die Vorstellungen darüber aber, was gut und böse sei, was recht und unrecht, was schön und was hässlich, gehen bereits gleich weit auseinander, wie die Auffassungen darüber, worüber man diskutieren dürfe, worüber nicht.

Die ganze Tendenz des Zeitgeistes geht dahin, überhaupt alles zur Diskussion zu stellen und keine Gebiete mehr zu akzeptieren, die nicht in die öffentliche Auseinandersetzung gezerrt werden. Spiegel dieser Verhältnisse ist heute unter anderem die Zeitung.» (Peter Dürrenmmatt, Basler Nachrichten, 19./20. Oktober 1963)

Einer der Augenblicke,
in denen die Welt
den Atem anhält:
22. November 1963.

1964

Der Bundesrat veröffentlicht sein Programm zur Eindämmung der Wohlstandskrise, das starke Eingriffe des Staates in das Wirtschaftsleben, wie sie sonst nur in Kriegszeiten üblich sind, vorsieht. So wird für bestimmte Objekte ein Bauverbot auf drei Jahre erlassen, ebenso ein Verbot des Abbruchs von Liegenschaften. Weitere Restriktionen betreffen den Geld- und Kapitalmarkt.

Eröffnung der 48. Schweizer Mustermesse. Rund 2600 Aussteller. Nur Schweizer! Leistungsschau der Eidgenossenschaft. Mit der Armbrust als Gütesiegel für heimische Arbeit. Tadellos geputzte Schuhe gehören zur Grundausstattung der offiziellen Besucher, wie meistens von links nach rechts: Regierungsrat Max Wullschleger, Basels Regierungspräsident Dr. Otto Miescher, Bundespräsident Ludwig von Moos, Regierungsrat Dr. Edmund Wyss, geführt von Regierungsrat und Messepräsident Dr. Alfred Schaller. Der Kanton Basel weist für das Jahr 1965 mit 12 940 Franken pro Kopf das höchste Volkseinkommen aller Kantone aus.

Folgende Doppelseite **Alles neu** macht der April, wenn die Muba es so will: Zum ersten Mal wird der Neubau Rosental belegt. Er bietet bis heute 162 000 Quadratmeter Ausstellungsfläche. Die Neue Baslerhalle, deren Dach sich am unteren Bildrand rundet, war am 24. Juni 1960 eröffnet worden.

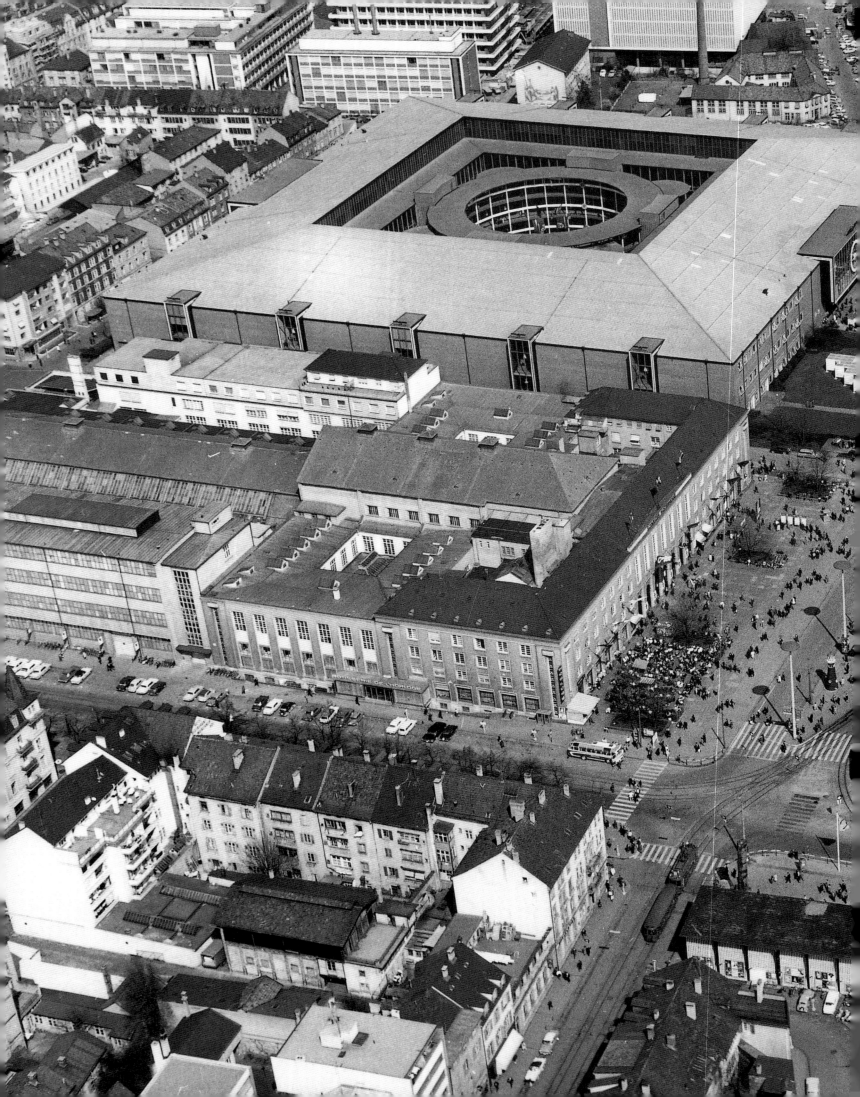

Sechshundert Anrufe pro Tag sind noch lange nichts Besonderes für die Damen am Klappenschrank der Muba.

Vergesst alles, was euch in der Schule beim Rechnen geplagt hat!

Vergessen Sie alles, was Sie in der Schule vom Nähen gelernt haben!

Im siebten Himmel

Leseratten schmökern in den Büchereicken, Sekretärinnen probieren die neuesten Schreibmaschinen aus, Hausfrauen lassen sich die unglaublichsten Nähprogramme erklären, Familienväter dozieren vor der heimlich seufzenden Mama und den grimassierenden Kindern von den unglaublichen Vorzügen des neuen, absolut pyramidal geschnittenen Familienzelts (das er unbedingt haben will) – die Muba war auch damals schon alles, nichts hat sich geändert, auch nicht, dass der letzte Schrei von heute das erste Röcheln von morgen ist. Die Muba ist Volkshochschule, Fortbildungsstätte, Trainingscamp, rhetorisches Übungsgelände, der siebente Himmel für verstiegene Wünsche und das Goldgräbercamp für die Fortschrittsgläubigen. Nur die Landesväter sorgen sich professionell – am offiziellen Tag der Schweizerischen Mustermesse 1964 hielt Bundespräsident Ludwig von Moos die Festansprache, die sich mit Inflationsbekämpfung und der Finanzierung des Nationalstrassenbaus befasst.

‹**Madame et Monsieur**› – Das Vergnügen an Eleganz, Leichtigkeit und Verführung, an Sinnlichkeit, Erotik und einem Traum von heiterer Leichtigkeit. Theo Wagner drapiert.

L'art de vivre, joie de vivre
– froh und sinnvoll leben.

5. Juni 1964, Basler Tag an der Expo 64 Lausanne: Bannerträger, Ehrenjungfrauen in Schneeweiss, der Regierungsrat in Frack und Zylinder, zweihundert Pfyffer und Dambuure, Schlachtenbummler, Regen.

Strassentenue und Filzhüte, heute wird Tacheles geredet: Walter Allgöwer, Eugen Dietschi, Helmuth Hubacher und Albin Breitenmoser – lauter Basler Vertreter in den Eidgenössischen Räten.

Aufbruch

«Sie verbrachten den ganzen Tag auf dem Gelände der Ausstellung, besuchten die verschiedenen Pavillons und kauften eine Schallplatte mit Liebermanns Schreibmaschinensymphonie als Souvenir und weil sie ihnen gefiel. Was Alex noch besser gefiel, war Tinguelys ‹Métamécanique›; Max Bills vergoldeter Skulpturenpark wirkte daneben nur monumental (...) Später mussten sie sich in der Panoramavision gegenseitig stützen, sonst wären sie hingefallen, und als auf der Festbühne die Aufführung begann, für die er viele Monate lang gearbeitet hatte, erkannte er seine eigenen Entwürfe nicht wieder.»
(Jean Willi, ‹Sweet Home›, a.a.O.)

Der rechte National- und Regierungsrat Alfred Schaller mit dem Hut in der Linken am verregneten Basler Tag der Expo 64 – hinter ihm der linke National- und Regierungsrat Edmund Wyss mit dem Hut in der Rechten und ganz rechts oben das, was als Symbol schweizerischen Leerlaufs bezeichnet wurde: Tinguelys ‹Heureka›.

Folgende Doppelseite **Liliputanerstadt 1964**, mit Kollegienhaus der Universität, Spalentor, Botanischem Institut und Botanischem Garten (noch ohne Tropenhäuser) – und der alten Universitätsbibliothek mit eben angefangenem Erweiterungsbau. Der neobarocke Portalbau fällt demnächst. Dahinter die Fundamente des neuen Lesesaals. Im Oktober 1959 diskutierte der Rat den Erweiterungsbau (9,82 Mio. Franken) und die Neugestaltung des Botanischen Gartens (4,44 Mio.). Im Februar 1961 bewilligt er einen Kredit von 11,7 Mio. für die Erweiterung der Bibliothek, weist aber die Botanische Garten-Vorlage noch einmal an die Kommission zurück. Das Tram bleibt!

Spielautos, Trottinetts und Kinderfahrräder – nicht so schlimm, wenn es beim Kurvenschneiden oder beim Rollstop Zusammenstösse gibt.

Lernen, lernen, lernen

«Begeistertes Indianergebrüll scholl uns entgegen, als wir die während des Sommers sonst leerstehende Mustermessehalle betraten. Ein Grüppchen Kinder stob wie ein Wirbelwind an uns vorbei, ein anderes stürmte den Blöterliwasserstand ... eben begann eine neue Runde.»

Manchmal schrieb der Fotograf auch selber, setzte sich also Kurt Wyss an die Schreibmaschine und dichtete die Texte zu seinen Bildern: «Was sie hier gleichsam als Spiel lernen, wird ihnen später, wenn es ernst gilt, nützen; denn sie sind dann schon vertraut mit dem Problem Verkehr, er ist nicht mehr neu und beängstigend für sie, sie haben schon früh gelernt richtig zu reagieren und die Grundregeln des Strassenverkehrs zu beachten.»

1952 gab es den ersten Kinderverkehrsgarten in der Schweiz. Bis Anfang der 60er Jahre waren die Unfälle mit Kindern im Strassenverkehr um ein Drittel zurückgegangen.

Der aufsichtführende Polizist im Kinderverkehrsgarten ermahnt zwar freundlich, aber Löcher knipst er trotzdem gnadenlos in die Fahrkarte. Nur wer lochlos fuhr, wurde am Ende belohnt.

Ein Sonnenauto
entsteht, die Malerinnen und Maler sind sehr beschäftigt.

Die Kunstmaler stellen sich zur Porträtaufnahme – wenn es nicht zu lange dauert. Denn diese Fotografiererei hält nur von der Arbeit ab!

Ernsthaftigkeit ist ganz wichtig. Dann geht die Arbeit fast von selber.

Acht Töpfe Lack

...und ein fleissiges Maler-Quartett aus dem Kindergarten – das führte hier zu einer frühlingshaften Farbauffrischung. Der Autofahrer sagte: «So, jetzt dürft ihr einmal ganz gross zeichnen, was das Fräulein euch gelehrt hat.» Und ein paar Stunden später fragten die Kinder schon: «Aussen sind wir fertig, sollen wir jetzt gleich noch die Sitze machen?» Der Wagen war vom Dach bis zu den Pneus mit bunten Eisenbahnen, ‹Mannsgoggeln›, Hündchen, Giraffen, Flugzeugen, Blümchen und Ornamenten übersät. Reklametexter würden dazu sagen: «Diese künstlerische Linie hebt ihr individuelles Fahrgefühl.» Die Polizisten sehen allerdings das Werk mit weit gemischteren Gefühlen durch die Strassen rollen. Ihr Leitmotiv: «Was ist denn das für einer; den werd ich mir aber merken.» (National-Zeitung, 2. Mai 1965)

Der Kleine ist ganz bei der Sache, das Vergnügen ganz beim Betrachter.

Die regierenden Häupter werden erinnert.

**Vor dem Wehrmänner-
denkmal** auf der Batterie.
Vor fünfzig Jahren brach der
Erste Weltkrieg aus. Die
Veteranen erinnern sich.

Hast noch der Söhne ja ...

Am Vormittag gedenken über zweitausend Veteranen der Mobilmachungen vom 1. August 1914 und 3. September 1939 vor dem Wehrmännerdenkmal auf der Batterie. Am Nachmittag ziehen die Festteilnehmer aus fünf verschiedenen Richtungen im Sternmarsch zum Münsterplatz. Dort begrüsst Nationalrat Peter Dürrenmatt als Präsident des Organisationskomitees die grosse Festgemeinde und verliest dann den Schlachtbericht über St. Jakob an der Birs. Anschliessend hält Bundesrat Prof. Dr. Hans Peter Tschudi die Festrede. Die Regierung empfängt nachher die Soldaten aus der Grenzbesetzungszeit 1914–18 und 1939–45 und bewirtet sie in der Kongresshalle. Am Abend ziehen die Cliquen trommelnd und pfeifend durch die Stadt – hier und da wird gar im Freien getanzt.

Alles dies verzeichnet die Basler Chronik unter dem Datum vom 26. August 1964.

Wetter: Vor allem in der zweiten Monatshälfte warm und trocken, wunderbar geeignet für Stadtfeste und Begegnungen von unbegrenzten Ausmassen, hier zum St. Jakobsfest auf dem Münsterplatz.

Alles wie am Schnürchen

Am schönsten war doch diese ingeniöse Wischeinrichtung vor den Rädern eines haubitzenziehenden Jeeps: Dieser Nagelpflug verhinderte, dass aus den Stiefelsohlen der Marschierenden gefallene Nägel Löcher in die Reifen bohren konnten. Aber auch sonst ist ein Défilé natürlich ein Vergnügen für gross und klein. Kurz vor Abschluss ihres dreiwöchigen Wiederholungskurses defilierten am 1. Oktober 1964 das Basler Inf. Regiment 22, das Füs. Bat. 58, die Haubitz-Abt. 74 und ein Standartendetachement der Motor-Transport-Abt. 5 vom Jakobsdenkmal bis zum Marktplatz, wo sie (wie die Bilder unwiderlegbar beweisen) gerade wohlbehalten angekommen sind. Der Regierungsrat war schon vollzählig da und inspizierte Oberstdivisionär Karl Walde, der als Kommandant der Grenzdivision seinerseits die Truppen inspizierte. Alles hatte seine Ordnung.

Der Marktplatz in Basel. Leider nicht so blumig wie sonst (wie hiess das? Where have all the flowers gone?). Was fehlt, sind die Gemüsefrauen aus Village Neuf.

Feldmarschmässig gekleidete Grenardierbeine und -füsse korrekt nach dem Strich.

Oberstdivisionär Karl Walde, Kommandant der Grenzdivision, führt einwandfreies und damit Rückenbeschwerden durch falsche Körperhaltung weitgehend ausschliessendes Format vor.

Kollegienhaus der Universität Basel, Gartenseite – für die akademische Jugend.

Splendid Isolation: Wirtschaftswissenschaftler im Hörsaal.

Paradiesische Ordnung

Wie schön und wie schön brav sie alle sind! Im Grunde ist es Idylle – und nicht etwa nur, weil der Fotograf dahintersteht und sich alle schnell noch einmal gekämmt haben. Handwerk ist Ordnung, Sauberkeit, Klugheit, Gemessenheit. Ob Drehbank oder Hobelbank, Telefon oder Schreibmaschine, Schweissbrenner oder Gewindeschneider, Telefonzentrale oder Rechenmaschine, wer da arbeitet, vermittelt das beruhigende Gefühl von Zuverlässigkeit, Kompetenz, Fleiss und Hierarchiebewusstsein – mein Platz, dein Platz, sein Platz. Und die Mädchen sind tiptop angezogen und die Knaben haben tadellos geschnittene Haare und die Chefs nehmen den Rechenschieber aus der Kitteltasche und wissen, was gewollt werden sollte, und alle verstehen ihn und eigentlich ist das Paradies gleich um die Ecke. Und wenn wir ein bisschen zusammenhalten und jeder weiss, was er oder sie zu tun hat, und er oder sie tut es dann auch, ja, was kann uns dann passieren? Nichts kann uns passieren!

Lehrlinge der Maschinenfabrik Burckhardt, Dornacherstrasse, Gundeldinger-Quartier. Stechen, Schneiden, Bohren, Feilen. Maschinen sind gut, Handarbeit ist besser – muss aber gelernt sein.

Die Vereinigte Bundesversammlung wählt bei einem absoluten Mehr von 105 Bundesrat Prof. Dr. Hans Peter Tschudi mit 200 Stimmen zum Bundespräsidenten für 1965: Festlicher Empfang in Basel. Rechts aussen: Bundesrat Dr. Friedrich Traugott Wahlen.

Endlich, endlich wieder

Seit 57 Jahren ist zum ersten Mal wieder ein Basler zum Bundespräsidenten gewählt worden. Mit dem Rekordresultat von 200 Stimmen. Gewiss ein Massstab für die Beliebtheit von Prof. Dr. Hans Peter Tschudi.

1993 erschien im Friedrich Reinhardt Verlag sein Buch ‹Im Dienste des Sozialstaates – Politische Erinnerungen›. Da erzählt Tschudi: «In den Jahren 1965 und 1970 habe ich das Amt des Bundespräsidenten ausgeübt. Angesichts der guten Zusammenarbeit mit den Kollegen und mit der Bundeskanzlei haben mir die Vorbereitung und die Leitung der Bundesratssitzungen keine grosse Mühe bereitet. Ich war für eine speditive Behandlung der Geschäfte besorgt und habe mich bemüht, Diskussionen, die am Entscheid, der zu treffen war, nichts ändern konnten, kurz zu halten oder überhaupt zu vermeiden. Der Bundespräsident übt einen erheblichen Einfluss aus auf den Verlauf der Behandlung der Geschäfte und auf den Zeitpunkt ihrer Erledigung. Dagegen hat er als primus inter pares kein stärkeres Gewicht für die materiellen Entscheide. Die Hauptbelastung für den Bundespräsidenten besteht in zusätzlichen Ansprachen und in Repräsentationspflichten. Die traditionellen Botschaften am Neujahrstag und am 1. August geben die seltene Gelegenheit, grundsätzliche Fragen in den Vordergrund zu stellen und die Entwicklung in eine bestimmte Richtung zu steuern. Ich habe vor allem aufgerufen, unsere Bildungseinrichtungen auszubauen, um der Jugend den Weg ins Leben zu erleichtern.» (S. 120)

Aus gegebenem Anlass: Bankett im Basler Stadtcasino. Immer wieder gibt es festliche Tafeln, immer wieder steht einer am Rednerpult, immer wieder steht hinter ihm derselbe Weibel.

1965

«Die Schweizer sind vollständig unkritisch sich selbst gegenüber. Eines der Vergnügen an der Ausstellung ist, die Schweizer zu beobachten, wie sie sich selbst sehen, ganz gleichgültig, ob Geschäftsmann oder Bergbauer. Alles ist so gutherzig und tolerant, dass man sich fragt, wo denn die menschlichen Probleme hingegangen sind. Wenn man näher hinsieht, so kann man sehen, dass das Land an der Schwelle zu einer Inflation steht, dass jeder zehnte Einwohner ein temporärer Einwanderer ist und dass bereits die ersten Apartheid-Probleme in Erscheinung treten.»

Der Londoner Daily Telegraph
über die Expo 1964

Am späten Neujahrsvormittag empfing im Bundeshaus der neue Bundespräsident, Prof. Dr. Hans Peter Tschudi, die Spitzen des diplomatischen Corps und der Berner Behörden zur traditionellen Gratulationstour. Die Zaungäste auf dem Bundesplatz spendeten dem neuen Präsidenten, der mit dem Empfang seine erste Amtshandlung hinter sich gebracht hatte, reichen Beifall.

Romolo Esposito mit Brissago, Bierflasche und noch ganz unbemaltem Osterei.

Yvonne Binz ohne Brissago, Bierflasche, dafür auch mit noch ganz unbemaltem Osterei.

Oster-vergnügen

Kaum einer wusste, dass das (damals) Volkskundemuseum in Basel eine riesige Sammlung bemalter Ostereier aus allen Teilen Europas besitzt. Essen kann man sie freilich längst nicht mehr. Daher die nicht ganz überflüssige «einladung zur einmaligen veranstaltung in der katakombe, schnabelgasse 1, basel, am samstag, den 10. april 1965 von 20–22 uhr ‹basler moler mole oschter-eier›, mit yvonne binz, lotti krauss, romolo esposito, peter fürst, ettore guggenbühl, max kämpf, roland mahler, marco richterich, marcel schaffner, jürg tramèr. Schauen sie den ‹oschterhasen› bei der arbeit zu; die bemalten eier können für fr. 2.50 pro stück gekauft werden. als verkäufer amtieren hanns u. christen und paul göttin. anschliessend (bis 04.00 uhr) ist im restaurant feldschlösschen, spalenberg 11, das grosse ‹eier-fest›. Eintritt: fr. 2.30. es spielen die riverboat-stompers.»

Geduld bringt Rosen: Max (Megge) Kämpf malt Ostereier.

Folgende Doppelseite **Ostersamstag Olten – Ostermontag Münsterplatz** «Marionetten an östlichen Fäden?» (Neue Zürcher Zeitung)

«Nach Basel lief kaum ein Schweizer Arbeiter; nur einige Gastarbeiter. Das war eine Veranstaltung der Jungen, der Studenten, der – wie es ein Teilnehmer formulierte – Halb-, Dreiviertel-, Voll-Intellektuellen. Wenn politisches Handeln und politisches Denken nicht übereinstimmen, entstehen Hohlräume, in denen das entstehen kann, was als Rinnsal von Olten nach Basel lief – eine Novität in der politischen Landschaft, von den routinierten politischen Parteien nicht mehr erfassbar und mit Verfremdung allein nicht vertilgbar.» (Die Weltwoche vom 23. April 1965)

Vater und Tochter – Nationalratspräsident Alfred Schaller (1965) mit der Regierungsrätin der neunziger Jahre, Veronika Schaller.

Noch mehr Väter und Töchter: der Bürgerrat und spätere Regierungsrat Kurt Jenny mit Tochter.

Die Zukunft damals

‹Helvetisches Malaise› – das war der Titel einer kleinen, gerade 42 Seiten umfassenden, 1964 erschienenen Schrift von Max Imboden (1915–1969), Professor für Staats- und Verwaltungsrecht an der Universität Basel, deren Rektor er im selben Jahr war. Wach, kritisch und voll leidenschaftlicher Sehnsucht forderte er die innere Erneuerung der Schweiz, von der er sagte: «Unsere staatlichen Institutionen sind gewiss nicht überholt, aber sie stehen in vielem schief. Sie greifen im einen zu weit und im anderen zu kurz; hier überfordern sie und da bleiben sie stumpf.» Als die Herausforderung an ihn herantrat, sagte er nicht nein: Im Juni 1965 wurde Professor Imboden als Nationalrat feierlich vereidigt. Zumindest den Aufbruch zur Erfüllung einer seiner Forderungen konnte er noch erleben: die Vorarbeiten zur Verfassungsreform. «Als Staatsbürger wünsche ich, dass unser Land das Selbstvertrauen, das es zu verlieren droht, wiederfinden werde. Das wird dann, und nur dann möglich sein, wenn es sich weniger in der täglichen Betriebsamkeit und in der Jagd nach äusseren Gütern verliert, wenn es sich vielmehr auf die ihm gestellten grossen Aufgaben besinnt. Wir müssen in Politik und Verwaltung neue Methoden entwickeln, um den Gegebenheiten des technischen Zeitalters gewachsen zu sein.»

14. Juni 1965: An diesem Montagabend wird Professor Max Imboden als Nationalrat feierlich vereidigt.

Technischer Fortschritt:
Lochbänder steuern die Setzmaschine.

Linotype (lainotaip – Zeilen-Tippen), eine Setzmaschine, die Maschinensatz im Zeilengussverfahren liefert; vom Uhrmacher Ottmar Mergenthaler (1854–1899) um 1886 in den USA konstruiert. Die erste Setzmaschine zum Giessen ganzer Schriftzeilen.

Das Ende der Bleiwüsten

Für die Zeitungsherstellung waren die sechziger Jahre der Anfang einer technischen Revolution, die bis in die achtziger Jahre, bis zur endgültigen Einführung von Fotosatz und Lichtsatz, ein atemberaubendes Tempo hatte. Ihr erstes Ergebnis war, dass ganze Parks von Setzmaschinen – die allerneuesten mit den letzten technischen Raffinessen einer überholten Technologie ausgestattet und beinahe noch nagelneu – aus den Zeitungsdruckereien verschwanden. Mit ihnen verschwanden Tonnen von Setzblei, die während Jahrzehnten Tag für Tag zwischen Setzmaschinen und Schmelztöpfen hin- und hergewandert waren oder – falls es sich um Druckschriften handelte, mit deren Neuauflage zu rechnen war – in Kellern sauber gestapelt der Auferstehung harrten. Die Weltproduktion an Blei verringerte sich von jährlich 4 Millionen (1970) auf jährlich 3,465 Millionen Tonnen (1981). Ein grosser Teil der Bleiproduktion stammt übrigens aus der Wiederverwertung bleihaltiger Abfälle.

Blick in die Rotationsmaschine – die Zeitung von heute, das Altpapier von morgen.

Ein Hauch von Gemütlichkeit lässt sich nicht wegreden!

Hier werden also die kleinen Brötchen gebacken! Jowa Produktionsbetriebe Birsfelden.

Einkaufen 1965

1965 kam er immer noch, der Verkaufswagen der Migros – auf das Bruderholz zum Beispiel –, und er wurde in Anspruch genommen. Manche behaupteten, das habe schon mehr mit Liebe als mit Nützlichkeit zu tun, aber manche hatten auch immer ein loses Maul, weil es nichts kostet. Und zur Nachhilfe: Migros AG, 1925 von Gottlieb Duttweiler (1888–1962) gegründetes Handelsunternehmen. 1941 in den Migros-Genossenschafts-Bund umgewandelt.

Zweimal pro Woche kam er zu seinen Kundinnen, und die Uhr konnten sie auch gleich nach ihm stellen (ausser bei Neuschnee).

Langsam, aber sicher!

Das Instrument, das der Herr aufmerksam betrachtet, ist ein Rechenschieber. Das war vor dem elektronischen Taschenrechner das ganz unentbehrliche mechanische Rechengerät aus Stäben mit logarithmischen Teilungen, die gegeneinander verschiebbar sind.

Handarbeit im Postcheckamt, Auszahlung der Sonntagstreffer im Fussballtoto. So sieht es aus, wenn fast alle gewinnen!

Damals deckte man seinen Bedarf an Bürohilfen in der Papeterie – Dreieck und Lineal. Rechenschieber waren gut, aber man musste es können. Rechenschieber waren Statussymbole. Wer nicht gelernt hatte, damit umzugehen, konnte damit nicht mal zwei und zwei rechnen, während die Herren in den weissen Kitteln mühelos Wurzel aus 2 ablesen konnten. Eine Rechenmaschine zuhause wäre ziemlich absurd gewesen, eine Rechenmaschine setzte schon ziemlich viel Büro voraus. Zuhause holte man zum siebten Mal irgendeinen Zettel aus dem Papierkorb und zählte auf ihm die Einzelbeträge für die Ratenzahlungen zusammen. Die ersten Taschenrechner waren sensationell. Nur Fortschrittsgläubige trauten ihnen wirklich, für die anderen waren sie zunächst teure Spielzeuge. Wohin das alles führen würde, wusste man damals so wenig, wie man sich heute vorstellen könnte, dass es noch einmal ohne gehen würde.

Da hat man doch die beruhigende Gewissheit, dass die Maschine genau das tut, was ihr gesagt wird.

Im Kannenfeldpark
wird probiert – auf dem Sommerspielplan steht ‹Das Käthchen von Heilbronn›.

Alles rennet, rettet, flüchtet: Das Schloss brennt!

Thalia im Park

Langsam, langsam zog es die Künstler hinaus. So sehr, dass man schon in den Siebzigern die Theater hätte abreissen können. Kosten nur Geld! Statt dessen wurde in Schuppen und Scheunen gespielt, in alten Fabrikhallen, in Bahnhöfen und Zelten, auf stillgelegten Schiffen (weiss der liebe Himmel, wo habe ich mir nicht überall den Arsch abgefroren!) und was noch. Hier sind wir noch nicht so weit. An schönen Sommerabenden in einem schönen Park zu sitzen, ein schönes Stück zu sehen mit schönen Schauspielerinnen, das war des Schweisses der Edlen schon wert. Die Edlen waren Egon Karter, der zum Beispiel im September 1950 in den Bischofshof zog und dort (mit Maria Schell und Will Quadflieg in den Titelrollen) ‹Romeo und Julia› inszenierte (Regie Leonard Steckel), oder, wie in diesem Fall, Friedrich Schramm, sein Dramaturg (einer!) Fred Alten und der unvergessene Adolf (Dölf) Zogg, der kaufmännische Direktor. Zwei Jahre vorher war ihnen der ‹Tell› buchstäblich baden gegangen. Einmal hält man das ja aus – aber dauernd? Jetzt musste ‹Das Käthchen von Heilbronn› ins Trockene gebracht werden! Es wurde – mit Ingeborg Weickart als Käthchen, Adolf Wessely als Graf vom Strahl und Max Knapp als seinem Knecht Gottschalk; mit Eva Maria Duhan als seiner Mutter Gräfin Helena und mit Günter Heising als Graf Otto von der Flühe, Richter des heimlichen Gerichts.

Das einzige, was im Theater stört, sind die Zuschauer: Regisseur Heinz Dietrich Kenter auf harter Bank im Kannenfeldpark – noch wohltuend allein, aber leider nicht mehr lange!

Süsse Mädchen, hartes Brot

Wazlaw Orlikowsky – und natürlich raucht er auf der Probe, was streng verboten ist. Aber dieses Theater steht ohnehin nicht mehr lang.

Wer tanzt was mit wem und warum und was kriegt er dafür und sie erst?

Als der Choreograph Wazlaw Orlikowsky das zehnte Jahr seines Engagements in Basel beendet hatte (1965 war das), lud die ‹Vereinigung Basler Ballettfreunde› zum Galaereignis des Jahrzehnts, zu einer Festvorstellung von Prokofieffs ‹Cendrillon›: «Mit Hilfe von Gönnern und Freunden ist es überdies möglich geworden, dieser Festvorstellung eine besondere Note zu verleihen: eine der besten und angesehensten Tänzerinnen der Gegenwart, Galina Samsova, wird die Rolle der Cendrillon tanzen. (...) Wazlaw Orlikowsky hat seinerzeit die Rolle der Cendrillon im Pariser Theater des Champs Elysées für Galina Samsova choreographiert. Dadurch, dass sie diese Rolle nun auch in Basel tanzen wird, steht den Freunden des Balletts bei uns ein Kunstgenuss aussergewöhnlicher Art bevor.»

Ahnungslose Laien und Bewunderer der zarten Ballettratten gingen morgens ins Café du Théâtre (gegenüber vom Theater) und harrten der Probenpause. Dann kolportierten sie wieder wollüstig diese Schauergeschichten – wenn eines der Mädchen beim Spagat nicht richtig auf den Boden kam, sei – hiess es – Meister Orlikowsky ihnen mal kurz auf die Oberschenkel gestiegen. Wir hörten es und gingen mit Gänsehaut von hinnen.

‹Schwanensee›. Das kann nur Orlikowsky sein. Triumphal, majestätisch, gross. Und alles im Basler Stadttheater.

Annelies Corrodi beim Aufbau – natürlich hat sie wie alle Bühnenbildner auch mit Holz und Eisen und Karton ‹gebaut›, auch wenn wir uns immer nur an ihre Projektionen erinnern.

Bühnenbilder aus Licht

Sie war glücklich und unglücklich zugleich. Glücklich, weil sie – in Basel zumal – den Auslauf hatte, den sie brauchte, um ihre Erfindungen umzusetzen, sie zu sehen und daran zu lernen. Unglücklich, weil sie keine Schülerinnen und Schüler hatte, die weitergemacht hätten. Die Theaterbesucher wussten weder vom einen noch vom anderen. Annelies Corrodi (die Tochter eines Bühnenverlegers) hatte eine Methode erfunden, Bühnenbilder gewissermassen immateriell entstehen zu lassen – sie fertigte Diapositive an, die auf den rückwärtigen Aushang und den Bühnenboden projiziert wurden – und sie erreichte damit grosse, düstere, beeindruckende Effekte, die neu, ungewöhnlich und ein bisschen geheimnisvoll waren, alles Eigenschaften, die für ein Theater ganz wunderbar sind. Das Problem war nur, dass die Bemalung der Hartglasplatten (die natürlich grösser waren als die Diapositive, wie wir sie kennen) im Atelier – für eine ausgewachsene Oper so zwischen 60 und 80 Stück, die im genau bemessenen Ablauf von 12 bis 16 Bildwerfern projiziert werden – eine derartige Viecherei war, dass niemand sich so recht daran beteiligen wollte. Sechs Jahre arbeitete sie in Basel. Schwärmer erinnern sich an ihre ‹Zauberflöte›, an ‹Aida›, an ‹Der fliegende Holländer›.

‹Der fliegende Holländer› war eine ihrer Lieblingsopern: düster, dämonisch, gewaltig.

Rudolf Maeglin. 1892 in Basel geboren. 1918 medizinisches Staatsexamen. Dann wird er Maler. 1933 gründet er mit Otto Abt, Walo Wiemken, Max Sulzbachner die ‹Gruppe 33›.

Ende der vierziger Jahre baute er sich ein kleines Wohn- und Atelierhaus in Kleinhüningen. Da stellte er aus, was er da malte.

Klares Auge, harte Faust

Das Arbeitsamt besitzt von Maeglin ‹Die Farbarbeiter› (angekauft vom Kunstkredit Basel-Stadt 1966/68). Während einiger Jahre hatte der chronisch Brotlose selber auf dem Bau und in der chemischen Industrie gearbeitet. Dass einer auf diese Weise einen anderen Blick, einen härteren Griff bekommt, ist kein Wunder. Maeglin hatte Authentizität. Die wurde sichtbar, wenn er seine vielen, oft wandbildhaft vereinfachenden Darstellungen von Grossbaustellen und industriellen Produktionsanlagen malte. Als Arbeiter war er am Bau der Dreirosenbrücke beteiligt, als Maler erzählte er von dieser Arbeit. Er hat die Erneuerung der Wettsteinbrücke, den Bau der Kannenfeldhochhäuser, den Neubau der Mustermesse-Rundhofhalle festgehalten.

Der Kunsthistoriker Werner Jehle (1940–1995) nannte ihn einmal den ‹Sozialisten des Herzens› – für Maeglin war der Arbeiter das Versprechen auf eine neue und bessere Gesellschaft. ‹Im Spätwerk›, lesen wir in einer kleinen Biographie, die der Kunsthistoriker Martin Schwander zu einer Maeglin-Ausstellung schrieb, «... hat Maeglin einen Weg gefunden, das öffentlichkeitsbezogene Anliegen seiner Kunst mit eigensten Wünschen und Bedürfnissen zu verschränken. Da ihm (weil er nicht gesund war) das Skizzieren auf seinen Streifzügen durch die Stadt jetzt zunehmend versagt blieb, suchte Maeglin nach einem Weg, sich mit Reflexen der Aussenwelt in seinem Atelier zu umgeben: Er liess Burschen und junge Männer, die in seiner unmittelbaren Umgebung lebten, zu Porträtsitzungen in sein Atelier kommen (...)

Unzählige feinnervige Zeichnungen zeugen von den Begegnungen zwischen dem alternden Maler und den Jugendlichen.»

Kitschfest in der Kunsthalle. An Zulauf fehlte es nicht. Angenehm ist allemal, dass viele Leute nicht einmal ein anderes Hemd anziehen müssen, um themengerecht an die Kasse zu kommen.

1966

«In Basel geben das Theaterbauprojekt, der Ausbau des Flughafens und, wie immer, Verkehrssorgen Anlass zu eingehenden Diskussionen. Diese letzteren verringerten sich allerdings etwas mit der Eröffnung der Brücke über den St. Johann-Bahnhof.»
Basler Chronik

«... so entstand unter der Führung von Max Kämpf die ‹Künstlergruppe 48›, die sogenannten ‹Graumaler›, der sich Romolo Esposito, Karl Glatt, Peter Moilliet, Julie Schaetzle, Gustav Stettler und Hans Weidmann anschlossen: Hans Weidmann im Atelier.»

Brunnmattschulhaus, Gundeldinger-Quartier, am unteren Ausgang der Wolfsschlucht. Das leere Feld im Hintergrund gehörte einst der Ankerbrauerei.

Erinnerung an griechische Sportarenen.

Sensible Klötze

Lucius Burckhardt und Walter Förderer in ‹Bauen als Prozess› (1968): «Der Weg zur Hölle ist mit sauberen Lösungen gepflastert.»

Der Basler Architekt Walter Förderer wurde übrigens im März 1966 als Lehrer an die Kunstakademie von Karlsruhe berufen. Das Brunnmattschulhaus ist eine Förderer-Lösung: Ein Schulhaus, zwei Kindergärten und ein Kindertagesheim. Adresse: Gundeldingerstrasse/Ingelsteinweg. Ein Bau, der dem Begriff Betonklotz einen anderen Inhalt zu geben versuchte. Strukturbeton im Erdgeschoss, Sichtbeton im Obergeschoss. Reliefartige Gestaltung der Aussenwände.

Kindergärten und Tagesheim: «Die Anordnung der Fenster scheint von aussen allein den Gesetzen einer freien Rhythmik zu folgen; im Inneren erkennt man, wie diese Rhythmik von der Absicht auf wechselnde Lichtwirkungen und von der Rücksicht auf die Körpergrösse vorschulpflichtiger Kinder bestimmt wird.»

Schulhaus: «Eine der besonderen Qualitäten des Baus liegt darin, wie aus dem konstruktiv Notwendigen mit einfachen Mitteln eine herbe Schönheit entwickelt wird, die nicht nur das Auge, sondern auch den Tastsinn anspricht. Diese Einfachheit der Ausrüstung ist auch ein entscheidender Grund, warum der Bau trotz dem konstruktiven und bauplastischen Aufwand in den Kosten im Ganzen nicht über dem Durchschnitt liegt.» (Zitiert nach National-Zeitung, 25. Februar 1966)

«Die Architektur wurde von den Praktikern als Disziplin definiert, die mit Hilfe der Technik die Probleme der Gesellschaft lösen könne. Das Wissen schien gesichert und erprobt. Der Kritik an der tiefen Qualität durchschnittlicher Bauproduktion begegnete man mit formaler Vielfalt und Hinwendung zu noch besseren technischen Lösungen ...

Die Stadtvisionen und Planerträume standen im Kontrast zu einer hilflosen Raumplanung, die mangels rechtlicher Instrumente die räumliche Entwicklung nicht steuern konnte. Bauen hatte Priorität vor der Planung. Erst 1969 erhielt der Bund mit einem Raumplanungsartikel die Kompetenzen, wenigstens allgemeine Grundsätze zu erlassen, und erst 1980 trat ein schweizerisches Raumplanungsgesetz in Kraft, das mit dem Prinzip der Trennung von Bauzone und Nichtbauzone die grundlegende Voraussetzung der Raumplanung schuf.» (Christoph Allensbach: ‹Architektur in der Schweiz›. Bauen im 19. und 20. Jahrhundert)

«Die Schweizerische Architektur hat fast überall etwas Niedliches, etwas Putziges, etwas Nippzeughaftes, etwas von der Art, als möchte die ganze Schweiz (ausser wenn sie Staumauern baut) ein Kindergarten sein.» (Max Frisch, in ‹Das Werk›, 1953, S. 325ff.)

Bauplastik, die das Gestaltungsprinzip des grossen Ganzen im Kleinen wiederholt. Rechts hinten das gerade noch durch 4000 Unterschriften vor dem Abbruch gerettete Platter-Haus.

Sehr zum Wohl im Wenkenhof

18. April 1966 – Festakt: 50 Jahre Mustermesse. «Heuer, im Jubiläumsjahr der Mustermesse, hat man sich etwas ganz Besonderes einfallen lassen: anstelle der Festaufführung im Stadttheater war ein exquisiter Empfang im gediegenen Riehener Landsitz im Wenkenhof, auf halber Höhe zwischen den beiden Basler Landgemeinden angesetzt worden. Es hat ganz grosser Anstrengungen und Vorbereitungen bedurft, um den Empfang in besonders festlichem Rahmen auf diesem prächtigen, jahrhundertalten Herrschaftssitz durchführen zu können ...

Und sind denn am Montagabend die 400 geladenen Gäste ... Messepräsident und Nationalrat Dr. Alfred Schaller ... dem Besitzerehepaar A. und F. Clavel der Reihe nach die eingetroffenen Gäste ... Die Frauen waren (fast) ausnahmslos in langer ... reichten livrierte Diener ... in erster Linie Bundesrat Prof. Dr. H. P. Tschudi ... sodann Minister Carl Burckhardt ... die Spitzen ... die Vertreter ... Die Armee ... Leider war Bundespräsident Schaffner ... Von der grossen Terrasse verfolgte man ... Jagdhornbläserharstes aus Mülhausen ... an langen, prächtig gedeckten Tischen ... Tafelmusik des Kurorchesters Rheinfelden.» (Zitate aus der National-Zeitung vom 19. April 1966)

Aufmarsch der Kellner – Weiss serviert, Schwarz kontrolliert. Die ersten Gäste, empfangen von Fanny und Alexander Clavel-Respinger und Messepräsident Alfred Schaller. Weisse Nelken, schäumender Champagner, rauchende Zigarette.

Blick in den Empfangssalon des Wenkenhofs zur Stunde des Apéros.

3. Mai 1966: Der Direktor des Museums, Prof. Dr. phil. Ernst Berger, erläutert zur Eröffnung des Antikenmuseums die Geschichte der Sammlung und hebt mit andächtig gefalteten Händen ihre Schwerpunkte hervor.

Der bärtige Basler
Journalist -sten (20. Jahrhundert) betrachtet den bärtigen Griechen Zeus (2. Jahrhundert).

Das Antikenmuseum

«Bei der Eröffnung war eine Schenkung des Commendatore Züst mit gegen sechshundert Objekten von besonderer Bedeutung. Inzwischen konnte der Regierungsrat die Schenkung Dr. Käppeli an das Antikenmuseum annehmen und verdanken. Damit ging der grösste Teil der bedeutenden Sammlung antiker Kunstwerke in den Besitz des Museums über (…)»

«Dr. Züst hatte 1966 zwei wichtige plastische Werke als krönende Ergänzung seiner Schenkung hinzugefügt, einen kolossalen Herakles-Torso und das Porträt einer gelagerten Greisin. Wesentliche Schenkungen sind darüber hinaus den Kommissionsmitgliedern Dr. Samuel Schweizer und Dr. Gotthelf Kuhn zu verdanken (…)»

«Das Museum verfügt nun über dreizehn fest angestellte Mitarbeiter und sieben aushilfsweise Beschäftigte. Vier hauptamtliche Aufseher sorgen für Ordnung, zum Stab gehört auch der Abwart der Skulpturhalle (…)»

«Mit einem lachenden und einem weinenden Auge hörte man, dass das Berrihaus, in dem sich das Antikenmuseum befindet, von vielen Besuchern und selbst von Basler Taxifahrern nicht gefunden wird, dass unsere Trämler häufig auch keine Auskunft zu geben wissen, wenn sich jemand erkundigt (…)»
(Zitate aus den Basler Nachrichten, Juni 1967, Juni 1968)

Dieser Hund, den damals wirklich fast jeder kannte, gehörte der Journalistin und Kunstkritikerin Dr. Maria Netter, die damals wirklich jeder kannte.

Unendliches Vergnügen
an kunstreich gestaltetem Lärm in den Farben der Trikolore: Patrouille de France.

Da stehen für die Schweiz Bundesrat Tschudi, für Frankreich Staatsminister Joxe samt ihrem Gefolge: The stone is well and truly laid!

Saure Wochen – frohe Feste

16. März 1966 –
Auf dem Flughafen wird die Aufrichte des neuen Hangars *gefeiert*.
12. April 1966 –
Im Restaurant auf dem Sternenfeld findet eine kurze *Feier* zur Erinnerung an die Eröffnung des Linienverkehrs auf dem damaligen Flugplatz Sternenfeld statt.
6. Mai 1966 –
Im neuen Hangar des 20jährigen Flughafens findet ein improvisiertes *Volksfest* statt.
14. Mai 1966 –
Auf dem Areal des Flughafens finden die *Feiern* zum 20jährigen Bestehen der Anlage und zur Grundsteinlegung für das neue Abfertigungsgebäude statt. Staatsminister Louis Joxe und Bundesrat Prof. Dr. iur. Hans Peter Tschudi bekräftigen in ihren Ansprachen die enge Freundschaft zwischen der Schweiz und Frankreich. Anschliessend demonstrieren schweizerische und französische Fliegerstaffeln ihr grosses Können. Der Anlass klingt aus mit einem wohlgelungenen Volksfest im neuen Hangar.

(Basler Chronik)

Der Grundstein des neuen Abfertigungsgebäudes: Vertrauen ist gut, Kontrolle ist besser!

Alte Orgeln, neue Schlager

Der berühmte linke Handschuh – für das Einläuten der Messe. Den rechten (auch er ist natürlich schwarz und wollen) gibt es später, für das Ausläuten.

Martinskirche: Einläuten der Messe (mit dem linken Handschuh) im Turm der Martinskirche – und zwar mit dem dafür aufgehängten Messeglöckchen.

«Ein Geruch nach feuchtem Laub und heissen Maroni; alte Orgeln aus Waldkirch, die mit neuen Schlagern aus den USA um die Wette dröhnen; Kinder, die ihre Ballons anstaunen; der ‹Billige Jacob›, der auf dem Petersplatz ‹ewige› Strümpfe verkauft (...) ‹Immer das gleiche›, denkt man, wenn die Messe eingeläutet wird. Doch kaum beginnt die erste Fahrt, ist alles neu.

Worüber wird man sich noch einmal so von Herzen freuen, wie mit sieben Jahren über eine Karusselfahrt à –.50? Wann wird man sich noch einmal so erwachsen fühlen, wie wenn man mit dreizehn Jahren und der ersten Zigarette im Mund mit ‹Will dr Herr emal schüüsse?› angeredet wird? Und wann kommt man sich je so herrlich kindisch vor, wie mit 50 Jahren auf der Achterbahn? – Im Lärm der Herbstmesse entsteht die Melodie verträumter Souvenirs. (Nur für die Schausteller hat sich die Messe ‹revolutioniert›: Die Wohnwagen tragen fast alle stolze Fernsehantennen.)» (Aus der National-Zeitung vom 31. Oktober 1966)

Will dr Herr emal schüüsse? 007 lächelt dazu.

1967

Nach einem Wahlkampf um das Amt eines Strafrichters wird die von den Liberalen und Radikalen gegenüber einem sozialdemokratischen und einem parteilosen Bewerber aufgestellte Kandidatin Dr. iur. Agnes Metzener gewählt. An dieser Wahl am 2. April 1967 nehmen erstmals die Frauen teil. Stimmbeteiligung 23% (Männer 24%, Frauen 22%). Das Frauenstimmrecht gilt freilich vorerst nur kantonal.

Nur aktiv Stimmberechtigte dürfen das Büro eines Stimmlokals führen. Hier zum ersten Mal eine Frau mit Stempelgewalt im Abstimmungslokal Basler Rathaus.

Einübung in demokratische Praxis – Frauen und Männer gleichberechtigt in Rechten und Pflichten.

Immerhin ein Anfang

Munatius Plancus, Vater, Mutter und Kind. Vater und Mutter haben eben ihre Stimmen abgegeben – gemeinsam.

Frauenstimmrecht, zentrale politische Forderung der Frauenbewegung im 19. und 20. Jahrhundert. In Australien 1861, Schweden 1862, Finnland 1863 als Gemeindewahlrecht alleinstehender begüterter Frauen, in Einzelstaaten der USA vor dem Ersten Weltkrieg erstmals als volles Wahlrecht verwirklicht. Setzte sich nach dem Ersten Weltkrieg in Grossbritannien (nach jahrelangen schweren Auseinandersetzungen durch die Suffragetten [engl. suffrage ‹Wahlrecht›]), Deutschland, Italien und Österreich durch. Frankreich und Belgien folgten nach dem Zweiten Weltkrieg. – In der Schweiz: erst seit 1971 Frauenstimmrecht in eidgenössischen Angelegenheiten sowie in fast allen Kantonen und Gemeinden (wir wissen schon, Appenzell und so!).

2. April 1967: Zum erstenmal an der Urne. Frauen geben ihre Stimmen ab, Frauen zählen sie.

Nur diese Dame weiss, was passiert, wenn sie den falschen Knopf am Steuerpult drückt. Sie tut es nicht.

Wäsche am laufenden Band – das war damals sensationell: In Basels Zentralwäscherei schwebten die frischgewaschenen Klamotten wie von Zauberhand herbei.

Der weisse Riese

Was immer in Betrieb genommen wurde, musste grösser, schöner, schneller, teurer und wirkungsvoller sein als alles, was es bis dahin gegeben hatte. Der Fortschrittswahn hatte sich so tief in die Gemüter eingenistet, dass der Ersatz der Grösse Eins durch eine neue Grösse Eins schon Verrat am Fortschrittsglauben gewesen wäre. Ganz abgesehen davon, dass die Bedürfnislage sich natürlich wirklich verändert hatte. Ein frisches Hemd, Samstagabend nach dem Wochenbad, das war ein für allemal vorbei!

Rund 37 Millionen Franken kostete das neue Superwaschhaus der Architekten Suter & Suter, wo alles unter einem Dach zusammenkam: Chemische Reinigung, Fleckenstation, Abteilung für Vorhangreinigung, eine grosse Näherei und Flickerei und eine Stationsversorgung, in der zum Beispiel Injektionsspritzen, Instrumente und Operationshandschuhe gereinigt und steril verpackt wurden.

Dass die alten, spitaleigenen Waschhäuser solchen Ansprüchen längst nicht mehr genügen konnten, verstand sich ganz von selber, ein grauer Riese musste her. Seine Maschinen arbeiteten damals für sieben Hauptspitäler, zehn Alterssiedlungen und ungefähr dreissig kleinere Einrichtungen von gemeinnützigem Charakter. Wer den Charakter nicht hatte, musste weiterhin selber waschen.

Alle Automatik hilft nichts – Gastarbeiterinnen müssen immer noch an die Nähmaschinen.

Jeden Abend dasselbe Ereignis: Am St. Louis-Zoll (Lysbüchel) stauen sich die Autos der französischen Grenzgänger.

Anfänge des Regiodenkens. Basel muss lernen, dass es in einen grösseren und sinnvollen Zusammenhang gehört: Hans Briner, erster Geschäftsführer der Regio Basiliensis (von ihrer Gründung 1963 bis 1992).

Dreyland 1967

Die Automodelle der französischen Grenzgänger sahen anders aus als heute, sonst hat sich nicht viel geändert. Der tägliche Grenzverkehr war vielleicht noch ein klein wenig umständlicher. Aber dagegen protestierten die französischen Arbeiterinnen und Arbeiter mit ihren Transparenten nicht, die sich an einem schönen blauen Montag (am 4. September 1967) beim Zollamt Lysbüchel versammelten. Sie protestierten gegen ihre Entlassung. Siebenhundertfünfzig Menschen verloren durch die Schliessung der Wirkerei Trimeca, mit Betrieben in St. Louis, Kembs, Othmarsheim und in Oberdorf, ihre Arbeit. Sie versammelten sich, weil sie sich dem Beschluss der Geschäftsleitung nicht widerspruchslos fügen wollten. Sie versammelten sich an der Grenze, weil sie auch auf die ‹grenzüberschreitenden› Ursachen dieser Schliessung aufmerksam machen wollten: Die Trimeca – Opfer unterlassener Restrukturierung – war kurz vorher von der Basler Familie, der sie gehörte, an die in Troyes beheimatete Devanlay & Recoing SA verkauft worden.

Werner Meyer widmete in der National-Zeitung (vom 6. September 1967) dem Ereignis einen Beitrag, der den Hintergrund ausleuchtete. Unter dem Titel ‹Eine elsässische Tragödie› stand zu lesen: «An Alarmrufen hat es in den letzten Jahren nicht gefehlt. ‹Der Haut-Rhin ist schwer krank›, hiess es auf unzähligen Plakaten und Spruchbändern, als Ende Oktober 1965 rund 10 000 Arbeiternehmer in Mülhausen gegen den wirtschaftlichen Zerfall des Ober-Elsass protestierten. Diese Proteste haben nicht verhindert, dass das Fabrikensterben weiterging und nur vereinzelte Geburten von Unternehmungen ins Handelsregister eingetragen werden konnten. Betroffen sind in erster Linie traditionelle elsässische Produktionszweige: die Textilindustrie, die Kaliminen, die Holz- und Gerbereiindustrien, die Ledererzeugung.»

Eine begleitende Grafik zeigte, dass sämtliche Neugründungen von Industriebetrieben sich ausschliesslich längs des Rheins ansiedelten. Der Rhein als Fahrstrasse, das Hinterland zwischen Basel und Wissembourg zunehmend geschwächt. Mehr als 12 000 Elsässer mussten damals ihr Brot im Ausland verdienen, 5000 allein aus dem Oberelsass.

«**727 Arbeiterinnen** und Arbeiter der Firma Trimeca protestieren vor dem Zollamt Lysbüchel gegen die Schliessung ihres Betriebes.» (National-Zeitung vom 4. September 1967)

Titel hatten sie noch nicht – «Man könnte sie ‹Venus et l'amour› und ‹Deux figures, un verre› nennen», sagte Picasso. Es war der 21. Dezember 1966.

Franz Meyer, Picasso: «Une grande surprise» vom Maler in Mougins.

Picasso lässt bitten

Besuch in Mougins, Département Alpes-Maritimes. Am 12. Oktober 1967 bewilligte der Grosse Rat sechs Millionen Franken für den Ankauf der beiden Picassobilder ‹Arlequin assis› und ‹Les deux Frères› aus der Rudolf-Staechelinschen Familienstiftung. Die fehlenden 2,4 Millionen Franken sollten durch private Sammlungen aufgebracht werden. Das Referendum gegen diesen Beschluss bleibt erfolglos, die fehlenden 2,4 Millionen wurden aufgebracht. Aus Freude darüber schenkte Picasso der Stadt Basel vier Bilder. Frau Maja Sacher fügte noch Picassos ‹Le Poète› von 1912 hinzu. Am 21. Dezember reiste Franz Meyer-Chagall, Direktor des Kunstmuseums Basel, auf Einladung des Malers, der «une grande surprise» in Aussicht gestellt hatte, nach Mougins, Alpes-Maritimes, wo der Journalist Bernhard Scherz und Kurt Wyss schon auf ihn warteten. «Ich glaube, ihr Basler habt ihm wirklich eine grosse Freude gemacht», sagte Picassos Frau Jacqueline – und Picasso, dem so viel Aufhebens schon beinahe unangenehm war, schlug lächelnd vor, sich doch gleich japanisch zu bedanken: «Jetzt bedanken wir uns gegenseitig ständig so ...», dabei deutete er eine japanische Verbeugung an.

Pablo Picasso, Ehefrau Jacqueline und Umarmungen zum Abschied.

Folgende Doppelseite
Pablo Picasso und eine fürstliche Geste: seid umschlungen, Millionen!

1968

Mitglieder der Progressiven Studentenschaften von Basel, Bern und Zürich demonstrieren auf dem Barfüsserplatz gegen den Krieg in Vietnam (7. Juni 68). 400 Schülerinnen und Schüler demonstrieren in der Innerstadt für den Schulschluss um 12.15 Uhr (11. Juni 68). 5000 Menschen bekunden auf dem Münsterplatz ihre Sympathien für die unter dem Krieg leidende Bevölkerung von Biafra (4. Juli 68). Im Grossen Rat wird nach einer kurzen, aber dezidierten Ansprache des Präsidenten der sowjetische Überfall auf die Tschechoslowakei verurteilt (26. September 68). Hunderte von erbosten elsässischen Grenzgängern demonstrieren im Zusammenhang mit Devisenmassnahmen an den Grenzübergängen gegen die strengen Kontrollen (30. November 68). Wegen des amerikanischen Vietnam-Films ‹Die Grünen Teufel› werden in der Stadt zahlreiche Demonstrationen durchgeführt (7. Dezember 68). Ein Klima verändert sich.

Gewichtige Herren am Bühneneingang des alten Stadttheaters: Friedrich Dürrenmatt (ohne Pfeife), Max Frisch (mit Pfeife), Marianne Frisch (mit Zigarette) und der unvergessene Inspizient und Nichtraucher Curd Model – eine Seele von Mensch und gefürchteter Urberliner mit ebensolcher Schnauze.

Ansteckende Hochstimmung im Kunstmuseum Basel – so aufgestellt war die Stadt schon lange nicht mehr und lange nicht wieder! Ein monumentales Schriftband wurde an den Arkaden aufgehängt.

Lebendige, sprühende Kraft

«Vom Augenblick an, da ein grosses Schriftbild von der Fassade des Basler Kunstmuseums herab verkündete: ‹Die Picasso sind da›, strömten die Besucher in Scharen herbei. Jedermann wusste, was gemeint war: die grossartige Schenkung von Pablo Picasso, vom Meister der Stadt als Anerkennung zugesprochen für die zähen, erfolgreichen Anstrengungen im Kampf um den Ankauf der beiden Frühwerke ‹Les deux Frères› und ‹Arlequin assis›, war nun eingetroffen und zugänglich. Dazu das herrliche kubistische Porträt ‹Le Poète›, das Frau Maja Sacher «in Freude und Dankbarkeit» aus ihrer eigenen Sammlung dem Museum geschenkt hatte.

Wer nun den kleinen ‹Picasso›-Wegweisern nach emporsteigt in die Galerie moderner Meister im zweiten Stock, der trifft im ersten grossen Saal (der sonst den Vor-Impressionisten und Cézanne zugewiesen ist) auf eine Konzentration von neunzehn Picasso-Werken, von denen nur ein Bild, der ‹Arlequin au loup›, sich nicht im Besitz der öffentlichen Kunstsammlung befindet.

Grossartig ist der Gesamteindruck, grossartig auch die Steigerung, die jedes Einzelwerk im Ensemble erfährt. Aber das Bewegendste ist vielleicht vorerst dies, dass die herrlichen Frühwerke – wie die von Picasso neugeschenkte Familie ‹Homme, femme et enfant› von 1906 – in den letzten beiden, 1967 entstandenen Gemälden völlig ebenbürtige Partner erhielten. Die gleiche schöpferische Kraft, dieselbe malerische Genialität erfüllt diese Figurenbilder, die der 86jährige Picasso im Laufe der intensiven Arbeitsperiode des letzten Sommer gemalt hat. Vor Bildern zu erfahren, wie die Kraft einer schöpferischen Persönlichkeit ungebrochen bis ins hohe Alter wirksam bleiben kann – das ist ein begeisterndes Erlebnis. Picasso ist kein Mythos, sondern eine lebendige, sprühende Kraft.» (Dorothea Christ in ‹Radio + Fernsehen›, 3/1968)

‹Venus et l'amour› von 1967 – eines der ‹mächtigen Geschenke› des Malers Pablo Picasso (1881–1973).

Der französische Kunsthändler Daniel-Henry Kahnweiler kam 1884 in Mannheim zur Welt und starb in Paris 1979. Er förderte vor allem den Durchbruch der französisch-spanischen Malerei, besonders des Kubismus. Kahnweiler 1968 im Basler Kubismus-Saal.

Wie schön, durch die Welt zu reisen und überall die ‹eigenen› Bilder wiederzufinden.

Altersweise

«Es bereitet mir ausserordentliches Vergnügen, alle diese Bilder wiederzusehen. Die meisten gingen durch meine Hände!», sagte Daniel-Henry Kahnweiler bei seinem Besuch im Kunstmuseum zu Dr. Franz Meyer, dem Direktor des Hauses.

Alter macht wahrlich milde. Der 84jährige Kunsthändler sprach nicht davon, dass ihm (dem deutschen Kunsthändler Wilhelm Uhde erging es ebenso) viele dieser Bilder – zum Beispiel Picassos ‹Femme à la guitare› von 1914, seit 1952 durch die Schenkung Dr. h.c. Raoul La Roche im Besitz der Öffentlichen Kunstsammlung Basel – durch einen bis dahin beispiellosen Akt der Willkür vom französischen Staat enteignet und in vier Auktionen bis in den Juni 1923 hinein öffentlich versteigert wurden. Die Rechtsgrundlage dafür lieferte ein Gesetz über die Liquidation von Gütern, die im Verlauf des Krieges als Feindesgut beschlagnahmt worden waren. Dieses Gesetz hatte die Abgeordnetenkammer der Dritten Republik am 7. Oktober 1919 verabschiedet.

Es ist ausgleichende Gerechtigkeit oder ein Treppenwitz der Geschichte, dass die Franzosen sich damit selbst betrogen. Die offiziellen Kunstfunktionäre und die Académie des Beaux-Arts freuten sich, dass dem Kubismus endlich das Kreuz gebrochen wurde. Der Staat besass natürlich ein Vorkaufsrecht, nutzte es aber nicht. Die Museen durften nicht kaufen. So ging – zu Schleuderpreisen – ins Ausland, auch in die Schweiz und auch nach Basel, was nie mehr zurückkehren sollte und was nie mehr zu ersetzen war. Die Geschichte steht ausführlich im Katalog der Ausstellung ‹Ein Haus für den Kubismus. Die Sammlung Raoul La Roche› im Kunstmuseum Basel, 1998.

Kahnweiler war übrigens am 26. Mai 1968 in Basel. Am Tag zuvor hatte er in Zürich die Eröffnungsansprache zur Picasso-Ausstellung im Kunsthaus gehalten.

‹La Musicienne› (1917/18) von Georges Braque. Öl auf Leinwand, 221 x 113 cm. Öffentliche Kunstsammlung Basel. Schenkung Dr. h. c. Raoul La Roche, 1952. Als Braque dieses Bild malte, war Kahnweiler 34 Jahre alt.

‹Singendes, rotes Untersee›
von 1966. Es ward seither nicht mehr gesehen. Der Künstler ist Peter von Wattenwyl.

‹Restaurant de la City Gallery›, Holztisch (der fehlt dort immer noch!). Der Künstler ist Daniel Spoerri.

Galerie Felix Handschin

‹Schweizer Kunst 68› hiess im September/Oktober 1968 die Ausstellung in der Galerie Handschin an der Bäumleingasse 16. Der Katalog (von Jörg Kissling und Guido Stuber erfunden) war ein kleiner Geniestreich: Er sah aus wie eine Wanderkarte und war auch genauso gefaltet. Er machte sinnfällig, was Schweizer Kunst den meisten damals war: Eine Gegend mit sieben Siegeln – wo sollte man ohne Landkarte hinkommen? Handschin (dr Händsche) hatte wie immer sein diebisches Vergnügen – zu oft der einzige Lohn seines Engagements für das Widerborstige, Unangepasste, Spinnige und Verrückte. ‹Schweizer Kunst 68› brachte alte Freunde und junge Leute zusammen – sie hiessen Samuel Buri, Franz Fedier, Alfonso Hüppi, Bernhard Luginbühl, Markus Raetz, Diter Rot, Daniel Spoerri, Jean Tinguely, Peter von Wattenwyl und Roland Werro. Und wenn auch Handschin nie ein Kahnweiler war, eine respektgebietende Witterung für Qualität hatte er auch.

Irgendetwas Besonderes musste es bei Felix Handschin immer geben. Diesesmal wurde im gerade leerstehenden Haus Rittergase 7 (das dem Staat gehörte) eine Beiz eingerichtet, in der die Vernissagebesucher sich nach der Eröffnung bis in die frühen Morgenstunden über Kunst zusammen- und auseinandersetzen konnten.

Unschwer zu erkennen und immer das Vergnügen der Kinder: Tinguely.

Bleibe im Lande und nähre dich redlich

Wie nannte man das früher? Provinzielle Verspätung! Als die Franzosen ihre Kathedralen den Himmel stürmen liessen, duckten sich die Kirchen in den Alpentälern noch tief. So blieb das. Immer ein bisschen hinterher. Und dafür immer ein bisschen zufriedener, ein bisschen gefälliger als andere, natürlich auch ein bisschen langweiliger. Alles hat seinen Preis. Aber den bezahlen wir ja gern!

Natürlich waschen die Mädchen – von Hand! –, sind die Rollen noch immer gut verteilt, aber das Vergnügen am heiteren Ferienleben auf dem Lande ist ungeteilt.

Kolonialismus à la Bâloise!

In Paris werden Barrikaden gebaut und gestürmt, im Basler Ferienlager wird gestrickt und gelesen – lesen bildet!

Horst Christian Beckmann
als König Johann in der Uraufführung von Dürrenmatts ‹König Johann› (nach Shakespeare).

Matthias Habich
(der Schwarm aller Theaterbesucherinnen) als Bastard Philipp Faulconbridge, später Sir Richard Plantagenet, natürlicher Sohn des Richard Löwenherz, Johanns Bruder.

Die Aera Düggelin

Ein Interview mit Werner Düggelin im Juni 1967.

Frage: Sie kommen nun in eine Stadt, die bisher nicht als Theaterstadt gegolten hat. Im Gegensatz zu den renommierten Theaterzentren, wo sie in den letzten Jahren gearbeitet haben, ist Basel eine relativ kleine Stadt mit begrenzten Mitteln und Möglichkeiten ...

Düggelin: Also zuerst muss ich da sagen, dass es meiner Meinung nach keine Theaterstädte an sich gibt, sondern nur Städte, in denen die Wechselwirkung Theater – Publikum intensiver ist als anderswo. Denken Sie zum Beispiel an Mailand: Vor Strehler hat es da lange Zeit kein nennenswertes Theater gegeben, und jetzt ist Mailand in der Theaterwelt ein Begriff. Was ich damit sagen will: Wenn das Theater einer Stadt lebendig genug ist, dann bin ich überzeugt, dass diese Stadt bald zu dem werden kann, was Sie eine Theaterstadt nennen.

Frage: Sehen Sie schon bestimmte Möglichkeiten, um das Theater einem breiteren Bevölkerungskreis näher zu bringen?

Düggelin: Ich glaube, dass es wichtig ist, dass auf dem Weg zu einer lebendigen Beziehung mit dem Publikum das Theater den ersten Schritt tut. Bedingung Nummer eins ist, dass das Theater erst einmal von seinem Kultursockel heruntersteigt. Darunter verstehe ich, dass wir das Tabu durchbrechen müssen, das sich im Theater sehr eingebürgert hat: Ich mache grosse Kunst, die sollen jetzt kommen!

(Das Gespräch führte NZ-Feuilletonchef Dr. Hans Rudolf Linder)

An der Generalversammlung der (noch) Genossenschaft des Basler Stadttheaters verlas Präsident Dr. Albert Matter ein ärztliches Bulletin, dem zu entnehmen ist, dass sich der zukünftige Direktor der Basler Theater vor drei Wochen wegen einer verschleppten Grippe mit folgender Lungenentzündung in Spitalbehandlung begeben musste. Werner Düggelin wird seinen Verpflichtungen mit Beginn der nächsten Spielzeit in vollem Umfang nachkommen und wird auch die Inszenierung der Eröffnungspremiere, ‹König Johann› von Friedrich Dürrenmatt, wie geplant selbst besorgen.

Basler Chronik (Sonntag, 8. September 1968): «Im Stadttheater findet eine sehr stark besuchte Sympathie-Veranstaltung für die Tschechoslowakei statt. Beim Pferderennen auf dem Schänzli ereignet sich ein tödlicher Unfall ...»

Günter Grass: «Während die tschechoslowakischen Reformer bei widrigsten Umständen und gegen Widerstände, die, wie sich gezeigt hat, immer noch unüberwindlich sind, ihre Reformen zu etablieren versuchten, gefiel sich die westliche radikale Linke – auch Neue Linke genannt – in romantisch-revolutionärer Gestik. Programmlos und unverständlich dank ihres Jargons, gelang es dieser Linken, den Protest zu verschleissen und die radikale Rechte zu provozieren.» (Rede vom 8.9.1968 in Basel)

Max Frisch: «Aber die Hoffnung kann ich deswegen nicht auswechseln; ich habe nämlich nur eine: dass das Versprechen, das dort Sozialismus heisst, und das Versprechen, das hier Demokratie heisst, zu verwirklichen sind durch ihre Vereinigung.» (Rede vom 8.9.1968 in Basel)

Ein Anfang und ein Versprechen

Die Saison hatte noch nicht einmal angefangen! Zehn Tage vor der ersten Premiere der nun anbrechenden Düggelinjahre (Dürrenmatts ‹König Johann›-Bearbeitung in der Inszenierung von Werner Düggelin wurde am 18. September 1968 zum ersten Mal gespielt), fand diese CSSR-Matinee statt, die alles aus dem Rahmen sprengte, was bisher in Basel üblich war. Eine Veranstaltung, die stark und intelligent war, entschieden und engagiert, ohne Zwischentöne und ohne Verbeugungen nach irgendwohin. Das verstanden alle, die an diesem Morgen ins Theater gekommen waren – und sie nahmen es als ein Versprechen über den traurigen Anlass hinaus, ein Versprechen, das die Truppe um und mit Düggelin trotz aller Turbulenzen bis zum letzten Tag gehalten hat.

Solche Bilder hatte noch niemand im Stadttheater gesehen – CSSR-Manifestation, Transparente gegen britische Biafra-Politik an den Rangbrüstungen. Solche Töne hatte hier noch niemand gehört: Günter Grass spricht.

1. Oktober 1968. Zaungäste vor dem vollbesetzten Hans Huber-Saal.

‹**Prags humaner Sozialismus** – ein Modell für den Westen?› Im Hans Huber-Saal sitzen Friedrich Dürrenmatt und Konrad Farner im Publikum.

Ein Traumpublikum

Das Potential an statischer Energie war gross – insbesondere in der Jugend. Es bedurfte relativ kleiner Impulse, um sie in kinetische zu verwandeln. Frustrierend war und musste bleiben, dass Einsichten, Erkenntnisse, Überzeugungen, Meinungen, dass Engagement und Hingabe in sich selbst verbrennen mussten, weil es keinen gestaltbaren Aktionsraum gab – ausser der Strasse. Eine Möglichkeit, die sich Basels Jugend weitgehend selbst verbot, sei es aus Einsicht, sei es aus Resignation.

Aber geredet wurde. Und es wurde gescheit geredet. Wie hier, an einer Veranstaltung, zu der die Progressive Studentenschaft Basel, der Republikanische Club und der Zirkel eingeladen hatten. Hauptreferenten waren Friedrich Dürrenmatt und Dr. Konrad Farner. Es war ein Versuch, die verschiedenen sozialistischen Jugendgruppen Basels zu einer gemeinsamen Diskussion zu versammeln.

Farner sagte, die Entwicklung in Prag, von vielen damals als Öffnung und neue Bewegung verstanden, habe bald zum Kapitalismus geführt. Vorbild war der Westen. Die kommunistischen Parteien kämpften um die materielle Freiheit, sie vergässen dabei die ethische Freiheit. Die offiziellen Parteileute Prags sind reine Materialisten.

Dürrenmatt schaute sich über den Wolken um. Es sei höchste Zeit, die Welt neu einzurichten, fand er. Marx sei ein grosser Vordenker – vielleicht aber schon zu spät. Der Marxismus ist, sagte er, wie vor Jahrhunderten schon das Christentum, zur Ideologie der Herrschenden geworden.

Dann schritt man zum Bier – zu erregteren Gesprächen – zur Kühlung der Gemüter.

Wach, aufmerksam, kritisch, skeptisch – ein Traumpublikum!

Alfred Rasser in seinem Programm ‹National oder Rot?›

Alfred Rasser in seinem Programm ‹Zuvielcourage› – natürlich im Fauteuil, dem Theater seines Sohnes Roland.

Alfred Rasser in seinem Programm als Nationalrat. Natürlich im Bundeshaus.

Rasser und die Marx Brothers

Dem Drängen von Wolfgang Neuss, der mit ‹Neuss Testament› damals im Casino auftrat, mochte Rasser nicht mehr nachgeben – Neuss schwärmte davon, mit Rasser zusammen so eine Art europäischer Marx Brothers zu machen und damit durch die Lande zu ziehen. Dem alten Rasser machte es aber nichts aus, sich redend und trinkend durch die Nacht zu schwatzen, an einem Tisch mit Wolfgang Neuss, dem Mann mit der Trommel, an einem Tisch mit Rolf Hochhuth, der damals alle flachlegte, die sich mit ihm aufs Diskutieren einliessen, dazu die üblichen Schlachtenbummler, die wieder mal wirklich dabeigewesen waren.

Wenn Rasser war, war Rasser im Fauteuil. Die tonnengewölbte Decke mit weissgeschlämmtem Spritzputz, in der Seitenwand ein paar rechteckige Löcher, eine Andeutung von Belüftungsanlage, links der Vorhang, der von Frau Rasser zugezogen wurde, bevor der Vorhang vor dem Nudelbrett aufging, auf dem er zuhause war. Und andere heimisch machte – die damals so kamen: Das Heidelberger Bügelbrett mit Hannelore Kaub, immer wieder Hanns Dieter Hüsch, Werner Finck (der alte Rundfink), Dieter Süverkrüp, Franz Josef Degenhardt, Georg Kreisler, der blutjunge Franz Hohler, die Liste ist lang, die Namen sind erlesen. Und, manchmal kam auch noch der alte Roderer, aber irgendwie passte er nicht mehr so recht in diese Landschaft – hier wurde zunehmend scharf geschossen. Zum Glück nur mit Worten und Musik.

Und viele haben schon vergessen, weshalb das Fauteuil Fauteuil heisst! Das Fauteuil heisst Fauteuil, weil jeder, der die erste Vorstellung im Haus sehen wollte, einen Stuhl mitbringen und dalassen musste. Die Bestuhlung war deshalb so bunt wie das Publikum.

Rasser, wie ihn alle kannten und liebten: HD Läppli.

1969

Vergleichen Sie mit 1960!

Basels Budget 1969: Einnahmen von 539 730 460.40 Franken. Ausgaben 565 831 958.70 Franken. Netto-Defizit 26 101 498.30 Franken. Am 23. Februar 1969 starb Karl Jaspers. Karl Barth, 1886 in Basel geboren, reformierter Theologe, bis 1962 Professor an der Basler Universität, war ihm vorausgegangen (am 10. Dezember 1968). «Krisen, Kriege und Verbrechen» kennzeichneten das Jahr 1968, fand der geduldige Verfasser der jährlichen Basler Chronik. Die Besetzung der CSSR durch russische Truppen, der grausame Völkermord in Biafra und immer und immer wieder der Vietnamkrieg. Der Theologe Martin Luther King (1929 geboren), einer der Führer der schwarzen Bürgerrechtsbewegung in den USA, wurde ermordet und auch der Präsidentschaftskandidat Robert Kennedy. Die Studentenunruhen dauerten fast das ganze Jahr über und erfassten auch die Schweiz. Freilich nicht im gleichen Masse wie in den Nachbarländern. Was in den Schweizer Städten geprobt wurde, war weitaus mehr Unbotmässigkeit gegen Behörden und Ämter, Verfügungen und Gebote, das Zerbrechen der autoritären Strukturen. Und gleich am Anfang des Jahres, am 6. Januar, zogen die Benützerinnen und Benützer des Steinenschulhauses ins neue St. Albanschulhaus um – das war der erste Schritt zum Neubau des Stadttheaters.

«**Zahlreiche Jugendliche** blockieren, von den Progressiven Studenten und Mittelschülern dazu aufgefordert, abends während einer halben Stunde aus Protest gegen die Erhöhung der Tramtaxen mit einem Sitzstreik den Trambetrieb am Barfüsserplatz; die Demonstrationen wiederholen sich während der nächsten Tage, ohne dass die Polizei dagegen einschreitet.» (Basler Chronik, 1. Juli 1969)

Alti Richtig: Fasnachts-quislinge! Seid gewarnt!

Alti Richtig: «d'Tamboure sin's Ysatzkommando im urfasnächtlig korräkte Charivari», war zu diesem Helgen zu lesen.

Fasnacht 1969

«Bei verhangenem Himmel beginnt um 4 Uhr früh die Fasnacht unter dem Motto ‹3 Maxi-Däg, 3 Mini-Nächt› mit einem prächtigen Morgenstreich, wobei erstmals auch das Zentrum von Kleinbasel in die Verdunklung einbezogen wird. Im Verlauf des Morgens setzt leichter Regen ein, der die Strassenfasnacht beeinträchtigt; trotzdem aber zeigt sich die Fasnacht in ihrer ganzen Schönheit. Als Sujets sind u.a. anzutreffen: Der Waffenhandel einer Schweizer Fabrik, die neuen Ein- und Zweifrankenstücke, die Welle der Demonstrationen und Proteste, Zürich als Olympiastadt, das Radioorchester in Basel, General de Gaulle, Herbstmanöver der Basler Truppen, Basler Museumswochen, Zürcher Polizei. Die Cliquenzeedel erreichen eine Höchstzahl von 152 Stück. Am Dienstag bessert sich das Wetter, so dass zahlreiche Buebezygli anzutreffen sind, der Abend gehört den Guggemusigen. Der Mittwoch ist so, wie er sein soll, sonnig und frisch.» (Basler Chronik, 24. Februar 1969)

Fasnacht ideologisch: Der zähe Kampf um die Reinerhaltung der Fasnacht richtete sich gegen die immer zahlreicher und immer lauter werdenden Guggen-Musiken, die viele alte Fasnächtler als eine Art von dröhnendem Faschismus empfanden. Die Clique ‹Alti Richtig› wehrte sich auf ihre Weise.

GEGEN FASNACHTSSEUCHEN

◊ Ein Zug an der Fasnacht ist immer von Seuchen bedroht. Sie werden durch die Bedingungen auf der Strasse und in den Wirtschaften begünstigt.
◊ Für die Reinlichkeit des Körpers, des Kostüms und des Stammlokals ist jeder Fasnächtler verantwortlich.
◊ Krankheitszeichen wie Ausfall des Musikgehörs, Heiserkeit, Bleichsucht und Ermüdungserscheinungen sind sofort dem zuständigen Fasnachtsarzt zu melden.

Was ist zu tun beim Befehl GUGGEN-WARNUNG (Mit dem Herannahen einer Gugge-Musik ist zu rechnen)
◊ Marschnoten griffbereit halten.
◊ Soweit der Auftrag es zulässt, empfindliches Gerät in Deckung bringen, Schutzgassen oder Wirtshäuser aufsuchen.
◊ Pferde in Ställen unterbringen.
◊ (etc. ad lib)

Alti Richtig: Entschiedene Manifestation gegen den Fasnachtsfaschismus.

Neues Thema: Umweltschutz

Schleichende Vergiftung
«In unseren heutigen Grossstädten steigt aus unzähligen Kaminen Rauch auf; aber auch die immer zahlreicher werdenden Automobile tragen das ihrige dazu bei. Welche schlimmsten Folgen die Luftverschmutzung haben kann, zeigte der mörderische Londoner Nebel im Jahre 1952. (…) Die Bilanz: 5 Tage Nebel, und nach einigen Monaten – 12 000 Tote.»
(National-Zeitung vom 8. November 1969)

Ökologie wird langsam, aber sicher ein Thema – und damit werden Messgeräte und Messstationen immer wichtiger. Basel hat nun auch Lufthygieniker.

«Die auf Umweltforschung und Umweltrecht basierende Gesamtheit der Massnahmen und Bestrebungen (…)», hebt das Lexikon unter dem entsprechenden Stichwort an. Was heute zum guten Ton gehört – kein Komposthaufen wird angelegt, ohne die relevanten Umweltschutzmassnahmen getroffen zu haben – war nicht so sehr bestritten als ganz einfach noch ziemlich unbekannt. Die unübersehbar steigende Umweltbelastung schuf den Handlungsbedarf – aus der Einsicht heraus, dass die ertragreichste Industrie sinnlos wird, wenn sie nur noch für Krüppel und Schwachsinnige produziert. Es gab also mit der Zeit eine Reihe von neuen Begriffen, an denen neue Institutionen hingen, mit denen sich dann auch wieder ganz gut Geld verdienen liess. Umweltbiologie, Umweltforschung, Umwelthygiene, Umweltmedizin, Umweltpsychologie, Umweltschutztechnik – und dazu eine uferlose Flut von Publikationen und Literatur.

3. Juli 1969 – Der Rhein, Industriestrasse und Abwasserkanal des Oberliegers – nach mir die Sintflut!

Im alten Stadttheater gab es keine Kasse, die war damals vergessen worden. Sie wurde dann dem Steinenschulhaus angebaut – und dafür nun, lange vor dem Theater, mit dem Schulhaus abgebrochen.

Unendliche Geschichte Theaterneubau

Die Chronik verzeichnet, dass der Regierungsrat dem Grossen Rat am 29. September 1966 eine Vorlage für den Neubau des Stadttheaters an der Steinentorstrasse zustellte. Die Kosten sollten sich auf rund 50 Millionen Franken belaufen. Im Januar 1969 räumten die Schülerinnen und Schüler ihr altes Steinenschulhaus und zogen in das neue Schulhaus St. Alban um. Dann kamen die Bagger. Waren die Jahre vorher noch gekennzeichnet von den Diskussionen über den Theaterneubau, wurde nun gehandelt. Auch Werner Düggelin handelte. Wenn Neubau, gab er protestierend bekannt, dann ohne Düggelin. Er hielt das Bauvorhaben für Grössenwahn und schieren Unsinn. Der Verweis auf die vollzogenen und geglückten Umbauten alter Häuser in der Schweiz (Zürich, Luzern, Bern) fruchtete nichts, in Basel sollte alles grösser, moderner, schöner als überall sonst sein – und noch war das Geld dafür da. Inzwischen wäre es manchem lieber – auch angesichts der tendenziell sinkenden Zuschauerzahlen (Saison 1964/65 Rückgang von 189 000 auf 176 000) –, das alte Haus wäre noch da.

Für Fotografen ein gefundenes Fressen: So hatte noch niemand die Elisabethenkirche gesehen! Diese Aufnahme von der Baugrube des Theaterneubaus wurde am 16. November 1969 publiziert.

Nein, das ist kein frisch gepflanztes Salatbeet, das sind Altersturnerinnen aus Norwegen auf dem Landhof, aus einem (fliegenden) Flugzeug heraus fotografiert.

Irgendjemand turnt immer – Gymnaestrada halt. Hinten übrigens die alte Landhoftribüne des F.C. Basel.

Stets strahlendes Wetter

Am 20. Februar 1969 bewilligte der Grosse Rat eine Defizitgarantie von bis zu 300 000 Franken für die Gymnaestrada 1969 in Basel.

Die Chronik sagt: Mit einem imposanten Aufmarsch von über 10 000 Turnerinnen und Turnern aus 30 Nationen wird im Stadion St. Jakob die 5. Gymnaestrada, ein Weltturnfest, eröffnet. Bundesrat Rudolf Gnägi und Arthur Gander, der Präsident des Internationalen Turnerbundes, begrüssen die Teilnehmer. Während der vier folgenden Tage wickeln sich in den Hallen der Mustermesse und auf dem Landhof und bei stets strahlendem Wetter interessante Turndemonstrationen ab.

Turnen, zu Beginn des 19. Jahrhunderts geprägter Begriff für die Gesamtheit aller Leibesübungen, der Übungen an Geräten, Laufen, Springen, Werfen, Stossen, Schwimmen, Spiele, Wandern umfasste. Heute ist an Stelle des umfassenden Begriffs Turnen der Begriff Sport getreten. Die Bezeichnung Turnen ist nur noch als Kurzform für Geräteturnen gebräuchlich, sagt das Lexikon. Aber gibt es nicht Bodenturnen? Jedenfalls hier: Leibesübungen der Damen.

Folgende Doppelseite
Eine halbe Stunde
Protestblockade des Trambetriebs am Barfüsserplatz, die Polizei greift nicht ein, und die Stadt ist vor Entsetzen gelähmt: Dass die das dürfen!

Irgendwie ging da nichts mehr, dafür der Polizei die Geduld aus.

Vorbildliche Anwendung des baselstädtischen Polizeigriffs.

Schärfere Luft

Die Folgen der Emanzipation von autoritären Gefügen liessen nicht auf sich warten. Am 13. März 1969 warfen Mitglieder der ‹Arena› – das war eine Gruppe progressiver, radikal gesinnter Jugendlicher – während einer Grossratssitzung Flugblätter von der Tribüne und verlasen eine Stellungnahme gegen die ‹Verplanung› des Bürgerspital-Projektes. Das war eine neue Art, sich kritisch zur Arbeit der Stadtregierung zu verhalten. Am 12. Juni verteidigte die Regierung in Beantwortung einer Interpellation die Erhöhung der Tramtarife; die Tarifpolitik der BVB wird als massvoll bezeichnet. Am 1. Juli setzten sich die Jugendlichen – von den Progressiven Studenten und Mittelschülern aufgerufen – zum ersten Mal auf die Strasse. Eine halbe Stunde, und der Barfüsserplatz ist das Chaos. Die Polizei ist lieb und vernünftig und bleibt im Hintergrund. Also hörte es auf, wie es anfing, mit Geschimpfe, aber friedlich. Der Grosse Rat hatte ein schlechtes Gewissen und stimmte noch schnell der Abgabe verbilligter Trambillette an über 65jährige Kantonseinwohner sowie an Blinde und Invalide zu. Das Problem ist aber nicht vom Tisch, die Jungen wollen ein billigeres Tram, und irgendwie stach alle der Hafer. Bei einem neuen, fünfminütigen Sitzstreik auf den Tramgeleisen am Barfüsserplatz am 18. Juli griffen 180 (in Worten: hundertundachtzig) Polizisten mit Tränengas ein. 71 Manifestanten, vor allem Schüler und Lehrlinge, wurden für kurze Zeit festgenommen. Wundervolles Fotografenfutter, endlich konnten sie vor der Haustür fotografieren, was sonst nur in Paris, Berlin und manchmal in Zürich zu sehen war. Und während alle Basler gebannt vor den Fernsehern sitzen und den ersten Amerikanern auf dem Mond zusehen, basteln die Progressiven Studenten und Lehrlinge, denen sich auch noch Mitglieder der Partei der Arbeit angeschlossen hatten (nicht zuletzt stimuliert von der Theaterinitiative ‹Gratistheater für alle›), an ihrer Initiative für das Gratistram, die sie am 23. Juli 1969 einreichen: 7030 Unterschriften. (Wir bezahlen immer noch – bei mässig erhöhten Tarifen.)

Hier hätte der gute alte Zürcher Lavater (1741–1801) wundervolles Material für seine ‹Physiognomischen Fragmente zur Beförderung der Menschenkenntnis und Menschenliebe› (1775–78) finden können. Freilich hätte man ihm erst erklären müssen, was Tränengas anzurichten vermag, wenn man es einem Jüngling ins Gesicht sprüht, der längst nicht mehr Pieps sagen kann.

Klassenzimmer der Malklasse Franz Fedier in der Basler Gewerbeschule. Zu sehen sind die aus Papier modellierten Entwürfe für die Gestaltung einer Steinbruchlandschaft.

Das Sulzgrüebli bei Muttenz: Franz Fedier am Ort der Handlung.

Natur und Kunst

**Natur und Kunst, sie scheinen sich zu fliehen
Und haben sich, eh' man es denkt, gefunden;
Der Widerwillen ist auch mir verschwunden,
Und beide scheinen gleich mich anzuziehen.**

**Es gilt wohl nur ein redliches Bemühen!
Und wenn wir erst in abgemessenen Stunden
Mit Geist und Fleiss uns an die Kunst gebunden,
Mag frei Natur im Herzen wieder glühen.**

**So ist's mit aller Bildung auch beschaffen;
Vergebens werden ungebundene Geister
Nach der Vollendung reiner Höhe streben.**

**Wer Grosses will, muss sich zusammenraffen;
In der Beschränkung erst zeigt sich der Meister,
Und das Gesetz nur kann uns Freiheit geben.**

Johann Wolfgang von Goethe, 1800

Franz Fedier: «Orte wie dieser stillgelegte Steinbruch in einem stillen Wald – der inmitten der Natur Spuren menschlicher Tätigkeit zeigt und ein wenig an eine Ruine erinnert – haben seit jeher die Künstler angezogen. Die Landschaftsmaler der Romantik haben solche Orte aufgesucht und sie als Staffagen für ihre Kompositionen verwendet.

So spielte bei unserem Unternehmen auch die Absicht mit, zu erproben, inwieweit ein neuer Kontakt des Künstlers mit der Natur an einem ‹malerischen› Ort möglich und sinnvoll ist. Dass dieser neue Kontakt mit der Landschaft gerade heute von einer neuen Künstlergeneration weltweit und mit den Werkzeugen der Technik, vom Bulldozer zum Helikopter, gesucht wird, zeigten Beispiele in der gleichzeitigen Ausstellung ‹Wenn Attitüden Form werden› in der Kunsthalle Bern sowie der Fernsehfilm ‹Land Art› von Gery Schum im Ersten Deutschen Programm. Die ‹Felsenmalerei› bei Muttenz war jedoch ein in erster Linie kunsterzieherisches Experiment und möchte nicht zu falschen Vergleichen ermuntern.»

(DU, Februar 1970)

Im stillgelegten Steinbruch Sulzgrüebli in Muttenz wird ausgeführt, was zuerst akribisch, akademisch, pädagogisch in der Gewerbeschule ausgedacht und im Modell erprobt wurde.

Es ist ja die Zeit, in der Kinder anfangen, in Ausstellungen mitzuspielen. Hinten steht Kunsthallechef Peter F. Althaus.

Das Kind im Mann will spielen!

Der Erfolg des Eröffnungsabends der Ausstellung ‹Veränderungen aller Art›: Phasen einer mobilen Plastik, manipuliert, malträtiert, variiert durch das Publikum.

Freiheit für die Phantasie

Am 29. Mai 1968 wurde Peter F. Althaus, vorher am Kunsthaus Luzern, zum neuen Konservator der Kunsthalle Basel gewählt. Althaus war ein Mann, der wie wenige die vielen denkerischen Impulse jener Jahre in produktive Energieschübe umzuwandeln verstand. Einer seiner Einfälle war die Ausstellung ‹Veränderungen aller Art› in der Kunsthalle. Da wurde das hochverehrte Publikum – bei freiem Eintritt – eingeladen, dem Aufbau der Ausstellung ‹Veränderungen aller Art› in der Kunsthalle beizuwohnen. Geplant waren bis zum 23. November täglich neue Aktionen. Alle Vernissageberichte erklärten, dass sich die Kunsthalle über mangelndes Interesse nicht würde beklagen können, wenn die Fortsetzung hielte, was der Anfang verspricht. Sie hielt. Zwei Dutzend Künstler zeigten, wie es aussehen kann, wenn nicht Kunstwerke in neutrale Räume gestellt werden, sondern wenn die Räume selbst in variable Medien verwandelt werden, durch die sich Einfälle, Reize, Erfahrungen, Provokationen aussprechen.

Spiegelfolien, wie im Theater! Und das soll Kunst sein?

Joseph Beuys:
Eurasienstäbe

Wenn Beuys Vitrinen baut: «So gibt sie über Beuys Tod hinaus in alle Richtungen etwas von dem an uns ab, was wir zu seinen Lebzeiten in so reichem Masse von Beuys selbst bekommen haben: Energie und Wärme!» (Gerhard Theewen, ‹Vom Anfang zum Ende. Über drei Vitrinen von Joseph Beuys›. In: Joseph Beuys-Tagung, Basel 1.–4. Mai 1991 im Hardhof. Wiese Verlag, Basel)

Joseph Beuys

«Beuys in der Kunsthalle Bern, Beuys im Kunstmuseum Luzern, Beuys jetzt zum zweiten Mal im Basler Kunstmuseum, daneben dann noch die Galerien, und das alles in dem einen Jahr 1969 – mir ist kein zweiter Künstler bekannt, auf den in der Schweiz je so konzentriert ‹gesetzt› worden wäre. Man kann Gründe für diese Vorliebe erahnen: das Misstrauen gegenüber der fertigen Form, die sich in einer Welt im Wandel als Fessel erweisen mag (...)

Form kann zu leerem Formalismus degenerieren, das ist die dauernde Gefahr jeglicher Kunst; indem Beuys die Form unterspielt und sich auf Kombinationen und Assoziationen beschränkt, lässt er für die Interpretation viele Möglichkeiten offen. Formalismus kann es nicht geben, weil die Inhalte, die unbearbeitete Stofflichkeit dominieren (...)

Was ist zu sehen? Ein Tisch mit Füssen in Einmachgläsern, ein Schlitten, ein Sturmgewehr, zwei Spaten mit je zwei Stielen fallen als grosse Einzelobjekte auf. Den Kontext bildet eine organische und anorganische Kleinwelt, die den Prozess des Vernutzens, Verrottens, Verwesens demonstriert. Viel schmutziges Fett in Kisten und Dosen und verschmiert über Filz. Denaturierte Wurstwaren. Vergilbte Zeitungen in Bündeln. Ein Boxhandschuh. Eierschalen und Knochen. Von Säure zerfressene Batterien. Schnüre, Binden und Tücher. Ein schmutziges Einmachglas mit Birnen. Kurz: Eine Versammlung von Objekten, deren gemeinsames Merkmal ist, dass sie ekelerregend wirken.» (Wolfgang Bessenich, National-Zeitung, 27. November 1969)

Wer es noch einmal ganz genau wissen will, konsultiere den Katalog ‹Joseph Beuys›, Kunstmuseum Basel, Emanuel Hoffmann-Stiftung, Werke aus der Sammlung Ströher, 1969.

Es gibt ganz einfache Bilder, die ganz schön komplizierte Geschichten erzählen!

An der Schwelle eines neuen Jahrzehnts? Oder einer neuen Zeitrechnung? Bilder aus dem Weltraum, eingefangen am Fernsehschirm in einem Redaktionsbüro der National-Zeitung. 20. Juli 1969.

20. Juli 1969, Mond, Mare Tranquillitatis. Apollo 11 gelang die erste von insgesamt sechs erfolgreichen Mondlandungen des Apollo Programms bis 1972.

An Bord waren die Astronauten Michael Collins, Neil A. Armstrong, Edwin ‹Buzz› Aldrin. Am 21. Juli um 3:39 Uhr Mitteleuropäischer Zeit verliess Armstrong die Mondfähre ‹Eagle› und betrat als erster Mensch die Mondoberfläche. Gesamtreisedauer übrigens damals acht Tage, drei Stunden und neunzehn Minuten.

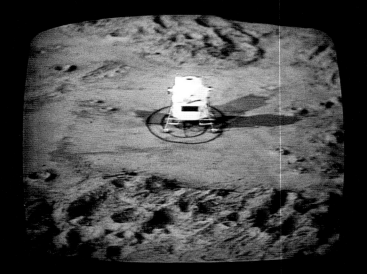

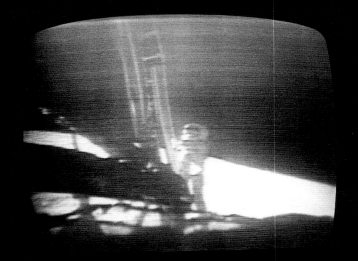

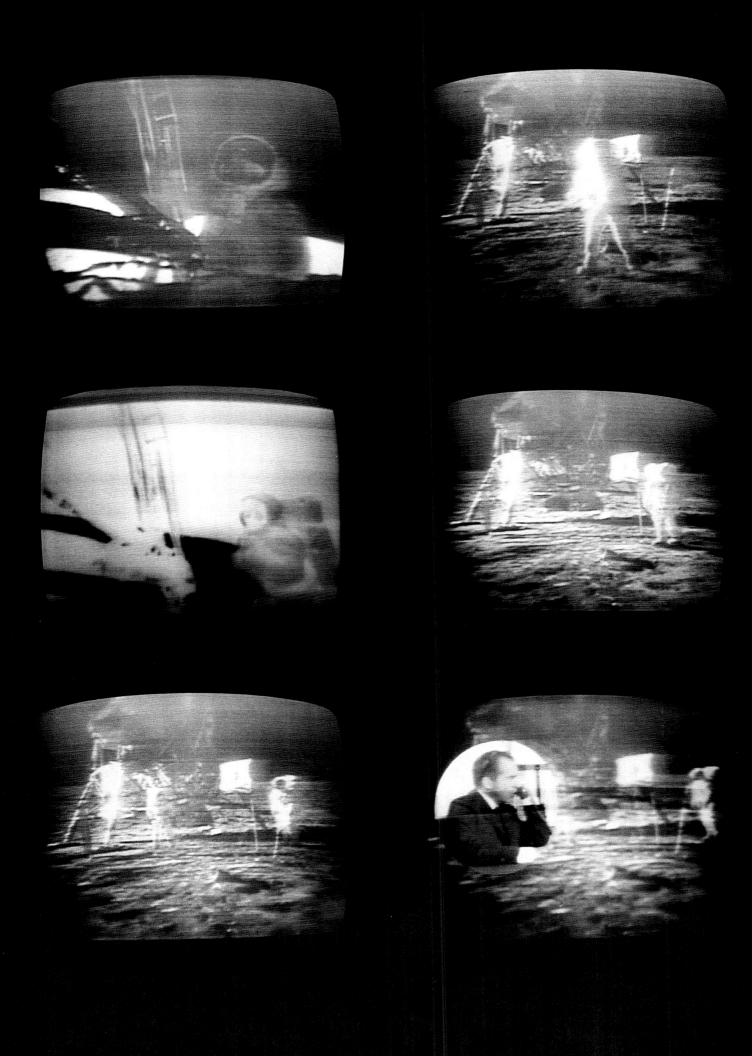

Danke
Für die freundliche Erlaubnis, einige
Passagen aus Jean Willis Buch ‹Sweet home›
zitieren zu dürfen, danken wir dem Autor und
seinem Verleger Ricco Bilger.

Die Abdruckgenehmigung für den Text von
Max Frisch stellte freundlicherweise der
Suhrkamp Verlag, Frankfurt a. M., zur Verfügung,
die für den Text von Hans Peter Tschudi
der Friedrich Reinhardt Verlag in Basel.

Die Deutsche Bibliothek – CIP-Einheitsaufnahme
Die **Sechziger** : Bilder aus Basel / Verf.: Reinhardt Stumm / Fotogr.: Kurt Wyss.
– Basel : Christoph-Merian-Verl., 1999
ISBN 3-85616-111-2

Gestaltung, Satz und Lithos
    Atelier Urs & Thomas Dillier, Basel
Druck und Bindung
    Offizin Andersen Nexö, Leipzig
© für die Fotografien
    Kurt Wyss
© für diese Ausgabe
    Christoph Merian Verlag, 1999